Samuel Morley Wickett

Studien über das österreichische Tabakmonopol

Samuel Morley Wickett

Studien über das österreichische Tabakmonopol

ISBN/EAN: 9783743657694

Hergestellt in Europa, USA, Kanada, Australien, Japan

Cover: Foto ©ninafisch / pixelio.de

Weitere Bücher finden Sie auf **www.hansebooks.com**

STUDIEN

über das

Oesterreichische Tabakmonopol.

VON

DR. S. M. WICKETT,
B. A.

Separat-Abdruck aus „Finanz-Archiv", 14. Jahrgang, 1. Band.

STUTTGART.
DRUCK DER UNION DEUTSCHE VERLAGSGESELLSCHAFT.
1897.

Inhalt.

1. Abschnitt. **Zur Geschichte des Tabakmonopols.** Seite
   1. Die Pachtperiode 1670—1783 2
   2. Der Regieperiode erster Teil. 1784—1835 12
   3. Der Regieperiode zweiter Teil. 1835—1851—1867 17
   4. Die Stellung des Tabakregals im Budget 20

2. Abschnitt. **Die Regie in ihrer heutigen Entwicklung.**
   1. Teil. Allgemeines.
      1. Zweck und Umfang des Monopols 26
      2. Die Regieorganisation 28
      3. Die Regieverwaltung 29
   2. Teil. Die Tabakkultur unter dem Monopol.
      1. Allgemeine Bemerkungen 30
      2. Der Tabakbau in Tirol und Dalmatien 32
      3. Der Tabakbau in der Bukowina und Galizien 33
      4. Tabakbau in Ungarn 34
      5. Zusammenfassung des 2. Teils 45
   3. Teil. Die Tabakverarbeitung.
      1. Der Betrieb 46
      2. Die Arbeiter 53
   4. Teil. Der Verkauf.
      1. Das Verschleisssystem 66
      2. Der Verschleisstarif und der Konsum 68
      3. Exportverschleiss 75
   5. Teil. Finanzielle Erwägungen.
      1. Die finanziellen Ergebnisse des Monopols 78
      2. Monopol und Tabaksteuern 80
      3. Monopol und Qualitätsbesteuerung 82

Schluss 85

Die Quellen. Eine ausführliche Arbeit über das österreichische Tabakmonopol gibt es bisher nicht. Es findet sich daher nicht nur ausserhalb Oesterreichs eine erstaunliche Unkenntnis über das österreichische System, wie aus den vielen ungenauen Angaben und Statistiken über die Geschichte des Monopols zu ersehen ist. Diese Ungenauigkeit zeigt sich besonders in den zahlreichen kleineren Schriften über die Tabaksteuerreform, aber auch in einigen grösseren finanzwissenschaftlichen Werken.

Für diese Arbeit wurden besonders herangezogen:

Die Gesetze und Verordnungen. Sie beginnen, soweit sie im Codex Austriacus und sonst gedruckt vorliegen, gegen Ende des 17. Jahrhunderts. Für die frühere Periode finden sie sich im Hofkammerarchiv.

J. v. Retzer, Tabakpachtungen in den österreichischen Ländern von 1670—1783, nach echten Urkunden. Wien 1783. 2. Aufl. 1785 (enthält manche der frühesten Gesetze und Vorschriften).

Hornstein, Der Tabak u. s. w. Brünn 1828. 2. Aufl. Wien 1845.

Keesz, Oesterreichs Gewerbs- und Fabrikwesen. Wien 1824. Anhang 1, S. 59—62. Anhang 2, S. 90—98, wiederholt in der österreichischen Nationalencyklopädie. Wien 1836. V, 267 f.

Tegoborski, Des finances et du credit pub. de l'Autriche. Paris 1843. vol. 2, S. 285—295.

v. Hauer, Beiträge zur Geschichte der österreichischen Finanzen. Wien 1848. S. 67 ff.

D'Elvert, Brünner Zeitung, 1851, Nr. 106 u. 110, wiederholt in seinem Buche „Zur Kulturgeschichte Mährens und Schlesiens", Brünn 1866, und zum Teil in seiner „Oesterreichische Finanzgeschichte" mit besonderer Rücksicht auf die böhmischen Länder. Brünn 1881.

v. Plenker, Das Tabakmonopol in Oesterreich seit dessen Ausdehnung auf das gesamte Staatsgebiet. 2 separate Bände. Wien 1857. Hier findet man die Reinerträge aus den Jahren 1670—1850. Diese Angaben können als zuverlässig gelten, obwohl die verworrene Buchführung der älteren Zeit leicht zu Irrtümern führt; so hat Plenker z. B. für das Jahr 1775 die Erträge von 15 Monaten angegeben.

Derselbe, Die indirekten Abgaben in Oesterreich. Oesterreichische Revue. 1863. Bd. 2, 3, 5, 6, besonders wertvoll für die Geschichte der inneren Verwaltung.

v. Czoernig, Das österreichische Budget für 1862. Wien 1862.

Leroy Beaulieu, Traité de la Sc. des finances. 1877. I, S. 649 ff., 699 ff.

Bulletin de statistique et de législation comparée 1877.

Krükl (der verst. Generaldirektor), Das Tabakmonopol in Oesterreich und Frankreich. Wien 1878.

Georg v. Mayr, Das Deutsche Reich und das Tabakmonopol. 1878.

Moritz Mohl, Denkschrift für eine Reichstabakregie. Stuttgart 1878.

Statistische Monatsschrift für 1880. 1883.

Schäffle, Grundsätze der Steuerpolitik. 1880. S. 432.

v. Prónay, Ueber Tabaksteuern. Leipzig 1880. (Mit Lit.-Angaben.)

Adolf Beer, Der Haushalt Oesterreich-Ungarns. Prag 1881. S. 118 ff.

Ladislaus v. Wagner, Tabakkultur, Zigarren- und Tabakfabrikation. 4. Aufl. Weimar 1884.
Des ider Kürti, Behandlungen über das Staatsmonopol im allgemeinen und das Tabakmonopol im speziellen. Budapest 1890. (Diss.)
G. v. Mayr, Tabak und Tabakbesteuerung. Im Handwörterbuch der Staatsw. Bd 5.
Die Tabakenqueten: In Frankreich 1835, 1876 (Enq. parlament.) In Deutschland 1878, In Ungarn — autographiert (in ungarischer Sprache). — Ofen 1879.
Zoll- und Staatsmonopolordnungen 1835 u. 1850, 1851 für Ungarn, Kroatien u. s w.
Tabellen zur Statistik des österreichischen Tabakmonopols, veröffentlicht seit 1851; für Ungarn abgesondert seit 1868.
Schanz, Finanzarchiv 1884—96 (siehe Register).
Verordnungsblatt des Finanzministeriums, seit 1850 mit Beilagen. Enthält manche Tabakverordnungen.
Drucksachen des deutschen Reichstags. 1882/83 Nr. 7; 1894/95 Nr. 116, 125 etc.
Stenogr. Protokoll der österreichischen Gewerbeenquete. 1893, S.940.
Mandello, Revue Internationale de sociologie. Bd. II. Artikel: Hongrie.
Statistische Mitteilungen über das österreichische Monopol. 1. Jahrg. 1895.
Mitteilungen des Finanzministeriums. 1895, 1. Heft.

Die „Vorschriften" sind dem Publikum nicht zugänglich. Die weitere Litteratur ist an den einzelnen Stellen angegeben [1]).

---

1. Abschnitt.

Zur Geschichte des Tabakmonopols.

1. Die Pachtperiode 1670—1783.

Von allen Tabakmonopolen blickt das österreichische auf die längste und wechselvollste Geschichte zurück. Die zwei und ein viertel Jahrhundert seines Bestehens enthalten eine fast vollständige Finanzgeschichte des Tabaks und sind in manchen Stücken ein Wegweiser für die Zukunft. Doch gehörte Oesterreich nicht zu den Ländern, die zuerst in dem neuen Luxusgegenstand eine Einkommensquelle entdeckten, weil der Tabakgenuss nur durch andere europäische Länder vermittelt hierher kam. Dies geschah erst während des 30jährigen Krieges, als englische Hilfstruppen auf ihrem Marsche nach Prag durch ihr Tabakrauchen auffielen [2]).

---

[1]) Für freundliches Entgegenkommen und für wertvolle Ratschläge bei der Bearbeitung dieser Schrift schulde ich besonderen Dank den geehrten Professoren Karl Bücher und v. Philippovich. Ebenso möchte ich hier die Hilfe, welche die folgenden Herren bei der Sammlung des geschichtlichen und statistischen Materials sowie bei anderen Gelegenheiten mir erwiesen haben, dankbar anerkennen. Ich habe hier zu nennen: Bei der Generaldirektion der Tabakregie in Wien: die Herren Generaldirektor Dr. Karl Kempf, Adler v. Hartenkampf, Dr. Derflinger, Dr. Ivanissevich; bei der Direktion in Budapest: Dr. Theodor, Baron Tivadar; bei der Statistischen Zentralkommission in Wien: Sektionschef Dr. v. Inama-Sternegg, Dr. Rauchberg, Dr. v. Schullern-Schattenhofen; im Hofkammerarchiv: kaiserl. Rat v. Rátky und Dr. Faber; sowie Adolf Beer; Oberbibliothekar v. Gebhardt; Georg v. Mayr; Professor Karl Menger.

[2]) Tiedemann, Geschichte des Tabaks. Frankfurt a. M. 1854, a. S. 165.

Schon vordem hatten einige europäische Staaten den Tabak besteuert. Karl I. schuf in England (1625) eine Art Rohtabakmonopol, indem er bestimmte, dass die englischen Pflanzer ihre geernteten Tabakblätter den Regierungsbeamten zu Taxpreisen abliefern sollten. Vier Jahre später erhob Richelieu in Frankreich 30 Sous Steuer von jedem Pfund Tabak, das aus nichtfranzösischen Kolonien eingeführt wurde. Venedig verpachtete 1657 Fabrikation und Verkauf des Tabaks, und bald nachher machten die päpstlichen Staaten und Portugal die Tabakfabrikation zu einem Regal. Doch alle diese Massregeln waren nur von kurzer Dauer.

Als in Oesterreich die finanziellen Schwierigkeiten der Türkenkriege um die Mitte des 17. Jahrhunderts zu einer allgemeinen Erhöhung der Verbrauchssteuern führten, trat an die Stelle der früheren Vorbote des Tabakkonsums eine positive Tabakgesetzgebung, indem (1658) Leopold I. die Tabakeinfuhr mit einem Zoll von 40 kr. für den Zentner belegte. 1659 aber wurde das Rauchen in Tirol und Böhmen verboten, ebenso 1670 in Ungarn. Dort wurde das Verbot 1683, 1689 und 1697 erneuert. In Mähren wurde das Verbot von 1652 im Jahre 1659 durch einen Zoll von 1 kr. für den Zentner ersetzt, und in Böhmen erscheint 1664 ein Aufschlag von 3 fl. für den Zentner. In dieser Zeit beginnt auch der Tabakbau in Oesterreich und der Merkantilist v. Hornek empfiehlt ihn in seiner kleinen Schrift: „Oesterreich über alles, wenn es nur will" (Nürnberg 1684), lange bevor die Verbote aufhörten [1]).

Schon im Jahre 1662 suchte der Graf Fürstenberg vergeblich das Alleinrecht nach, Tabak in die österreichischen Erbländer einzuführen. Acht Jahre danach, 1670, forderte Kaiser Leopold I. unter dem Druck der Türkenkriege „einen Vorschlag, wie die im Lande ob der Enns zur Jagd abgängigen Erfordernisse, ohne die Kammergefälle im geringsten zu beschwerden, teils hergestellt, teils neu angeschafft werden könnten". Der Landjägermeister, Graf v. Klevenhüller, erneute in seiner Antwort den Vorschlag Fürstenbergs und versprach die gestellten Bedingungen zu erfüllen, wenn er das Alleinrecht der Tabakeinfuhr für Oberösterreich erhielte. „Ja", schrieb er begeistert, „ich erkläre mich, der löblichen Hofkammer ein solches Utile zu eröffnen und an die Hand zu geben, welches jährlich ein merklich und mehreres, als bishero an den ordinären Mauthgefällen eingegangen, realiter ertragen sollen." Der Vorschlag wurde am 8. August 1670 angenommen und Einfuhr sowie Verkauf des Tabaks in Oberösterreich unter Androhung von Konfiskation und Geldstrafe zum Monopol erklärt „gegen dem, dass er (Klevenhüller) die ob der Ennser Jägereibedürfnisse aus eigenen Mitteln nach und nach anschaffen und herstellen sollte und gegen der bisher üblichen Zollgebühr, auf 12 Jahre". Diese Verleihung, die ganz den Gebräuchen des damaligen Finanzwesens entsprach, zeigt noch keinerlei Einsicht in eine besondere Steuerkraft des Tabaks, auf die erst die Erfahrung führen konnte. So wurde auch wenige Jahre später (12. Mai 1678) ein ähnliches Privileg „sub titulo gratiali" für dieselbe Zeit in Niederösterreich dem Reichsvizekanzler, Grafen Leopold Wilhelm zu Königsegg, ohne eine Gegenleistung verliehen — und diese „allergnädigst verliehene Konzession" wurde

---

[1]) Polizeiliche Massregeln, wie z. B. Verbot des Tabakrauchens auf offener Strasse etc. (so 6. Februar 1770) kommen hier nicht in Betracht.

danach bis 1702 ausgedehnt. Bald nach 1670 wurde die erste österreichische Tabakfabrik in Enns gegründet, und der Eigentümer, Johann Geiger, erhielt zur Ermunterung für 10 Jahre das Alleinrecht der Tabakfabrikation in Ober- und Niederösterreich (13. September 1676). Dafür sollte Geiger sorgen, „dass der Tabak und zwar ohne Schaden des Getreidebaues nach und nach häufiger gepflanzt werde", und selbst die erzeugten Tabakblätter ob und unter der Enns um einen billigen Wert ablösen.

Nachdem Geiger 1680 das oberösterreichische Monopol gegen 1200 fl. jährlich in Afterpacht erhalten hatte, gelang es 1693 (11. März) dem neuen Besitzer der Fabrik, Johann Höllinger, das niederösterreichische auf ähnliche Art damit zu vereinigen, so dass sich jetzt, abgesehen von dem freien Verfügungsrecht der Pflanzer über ihren eigenen Tabak, in zwei Provinzen Oesterreichs Einfuhr, Verarbeitung und Verkauf des Tabaks in einer Hand und unter einer Verwaltung befanden.

So trat das österreichische Tabakmonopol [1]) ganz planlos ins Leben; man könnte seinen Anfang zufällig [2]) nennen. Zwar ein interessantes Beispiel des mittelalterlichen Grundsatzes der „Gegenrechnung", den Bücher [3]) hervorgekehrt hat, hatte es doch keinen sonderlichen finanziellen Wert.

Das neue Monopol fand bei den Ständen in Oberösterreich — aus Niederösterreich fehlen die Nachrichten — keinen Widerstand, und zwar wie sie selbst angeben, aus folgenden Gründen:

1. weil der Anbau nicht gesperrt werde,
2. weil es ihnen eine anderwärtige Präjudiz für künftig nicht bringen werde und
3. „weil der Tabak seye de genere prohibitorum, der billig ganz verboten werden sollte, weil dadurch vielfältige Feuerbrünste verursacht würden."

So trat die Einrichtung, die später ein Hauptstück des österreichischen Finanzsystems bilden sollte, ohne Widerspruch ins Leben [4]).

Da man in dieser Zeit die Entwicklungsfähigkeit des Tabakmonopols nicht kannte, so kümmerte sich die Regierung wenig um neue Pachtungen, sondern beschränkte sich darauf, gelegentlich gute Angebote anzunehmen. So wurde das Monopol 1679 gegen ein jährliches Pachtgeld von 2400 fl. in Innerösterreich — Steiermark, Kärnthen und Krain — und im Küstenland eingeführt. Es folgten dann ähnliche Massregeln für andere Provinzen — doch stets „regellos, ohne Zusammenhang und im grossen und ganzen wenig einträglich". Die Einkünfte bis 1679 sind unbekannt; von da bis 1686 brachte die Pachtung mit dem Einfuhrzoll zusammen jährlich 2400 fl. und von 1687—94 4500 fl. Als 1694 das Privileg des Landjägermeisters ablief, wurde das Monopol in

---

[1]) Die böhmischen Stände erhielten 1665 das Recht der Tabakeinfuhr. Dies hatte aber keinen merklichen Einfluss auf das besondere Monopol Oesterreichs. Erst 1701 wurde Böhmen an das österreichische Monopolgebiet angeschlossen.

[2]) Vgl. Wagners Bemerkungen (Finanzw. I, 28, dass in den älteren Zeiten die Besteuerung gewöhnlich entschieden haben — Zufall, Tradition und Routine.

[3]) Zeitschr. f. ges. Rw, 1893, Ueber Frankfurt im Mittelalter.

[4]) Doch klagte man bald darüber, dass Geiger bei der Ausbeutung des Monopols „über sein Privilegium hinausgegangen" sei, weil er die Einlösungspreise zu niedrig, die Verkaufspreise zu hoch stelle etc. (Dezember 1680).

Oberösterreich, wie erwähnt, an Höllinger verpachtet und brachte für 1695 einen Reinertrag von 10,000 fl. Dieses finanzielle Ergebnis ist gering im Vergleich zu Frankreich, wo das Monopol 4 Jahre später (1. Dezember 1674) als in Oesterreich verpachtet wurde, aber im ersten Jahre 500,000 Livres (etwa 250,000 fl.) abwarf[1])[2]).

Da die Anfänge des Monopols finanziell unbedeutend waren, konnte es zunächst auf besondere Beachtung keinen Anspruch machen. Diese fand es erst 1693, wo man versuchte, es zu einer Art Staatseinrichtung umzuformen, deren allein verantwortliches Haupt der Pächter blieb. Zu dem Ende erhielt Höllinger die Stellung eines kaiserl. Administrators. Der Administrator musste die Ausgaben für das Monopol bestreiten, das Pachtgeld zahlen und sechs Zollaufseher unterhalten. Ausserdem wurde er verpflichtet, „zu zeigen, was für Reingewinn jährlich abgeworfen würde". Einige Jahre später (1700) zog ein Staatsrat die beste Form der Tabakordnungen in besondere Erwägung. Das Ergebnis war die Beibehaltung des Monopols und die Veröffentlichung des ersten allgemeinen Tabakpatents (20. Mai 1701), nach dem beschlossen wurde, „aus dem Tabak, welcher geraucht und geschnupft wird, und eine Wäre ist, welche nicht sowohl in der Necessität des menschlichen Unterhaltes bestehet als vielmehr ein Arbitrium und eingeschlichene, schier universale Gewohnheit ist, durch das unserer kayserl. königl. Macht ... zukommende jus praecemptionis et rectigalis Einkommen zu stiften, und zu solchem Ende Unsere kayserl. Hofkammer das commercium sothanen Tabaks entweder selbst zu führen oder ... zu appaltiren und zu verpachten". Die Pachtform wurde gewählt und zugleich das Monopol über Böhmen, Mähren und Schlesien mit der Grafschaft Glatz ausgedehnt.

Dieses Patent war in der That der Abschluss längerer Erörterungen; denn nach d'Elvert befand sich unter den Gegenständen der 1695 projektierten, aber nicht ausgeführten Accise auch der Tabak. Dieses Zögern zeigt wohl, dass kein fester Plan vorhanden war, eine natürliche Folge der mangelhaften Verwaltungsmaschinerie. In dieser liegt auch thatsächlich der Hauptgrund für die wechselnden Formen, die dem Tabakregal im 18. Jahrhundert gegeben wurden. Nachdem 1703 das Privileg des Grafen Königsegg in Niederösterreich erloschen war, umfasste das Monopol Nieder- und Oberösterreich, Steiermark, Kärnthen und Krain, Böhmen, Mähren, Schlesien und das Küstenland. Mit dieser Ausdehnung stiegen auch die Einkünfte, 1702 auf 56,000 fl., 1703 auf 61,000 fl.

Nach den früheren tastenden Versuchen hatte das Tabakpatent von 1701 zum erstenmale einige Grundsätze für die weitere Entwicklung festgelegt. Damit sind wir an einen Punkt gelangt, wo wir einen kurzen Blick auf die weitere Entwicklung des Monopols werfen müssen. Seine Geschichte zerfällt in drei grosse Abschnitte:

Der erste, die Periode der Pachtungen, schliesst mit der endgültigen Errichtung einer eigenen Regie im Jahre 1784;

der zweite, die erste Periode des Regiebetriebes umfassend, dauert bis 1851, bis zur Ausdehnung des Monopols über das ganze Kaiserreich;

---

[1] G. G. Clamageran, Histoire de l'Impôt en France. Paris 1867—76. vol. 2, S. 655.
[2] Es wäre sicherlich unbillig, diese Ungleichheit mit v. Plenkers hartem Urteil der Gleichgültigkeit der Regierung zuzuschreiben.

der dritte, die Blütezeit der Regie, umfasst die höchste technische, administrative und finanzielle Entwicklung des Monopols von 1851 bis zur Gegenwart.

Diese Einteilung schliesst sich an die äussere Entwicklung an; die innere verläuft in anderen Bahnen und teilt die Geschichte des Monopols in zwei grosse Stücke.

Der erste Teil, von 1670 bis zur Errichtung einer selbständigen „Tabak-Fabriken-Direktion" im Jahre 1834, zeigt keinerlei folgerichtige Entwicklung eines einheitlichen Systems, sondern mehr die verschiedensten Massregeln, durch die eine unentwickelte Verwaltung die Tabakeinkünfte zu kontrollieren suchte. Hierbei unterscheiden sich die ersten Jahrzehnte des Regiebetriebes nicht von der Zeit vorher.

Der zweite Teil kennzeichnet sich durch den Uebergang der Verwaltung in die Hände einer Direktion, deren Glieder auch technisch ausgebildet waren. Der grosse Erfolg dieser Zeit beruht auf der Beachtung vernünftiger geschäftlicher Grundsätze.

In der ältesten Zeit bis 1783 wechseln Tabaksteuer und Verpachtung, Uebergang an die Stände der Provinzen, und Rückkehr zur Zentralverwaltung. Diese systemlosen Schwankungen haben mancherlei Gründe. In der schwächlichen Organisation des Monopols spiegeln sich die allgemeinen Zustände der Verwaltung; es fehlt ein ausgebildeter Beamtenstand und damit ein entsprechendes Pflichtbewusstsein der einzelnen Beamten. Dieser Mangel dauerte so lange, weil die zahlreichen Kriege vom Dreissigjährigen bis zu den Napoleonischen und die zerrütteten Finanzen kaum einem Minister Zeit liessen, sich über diesen Wirrwarr zu erheben und anhaltend an der Besserung der Verwaltung zu arbeiten[1]).

Wenn die Regierung es unter diesen Verhältnissen vorzog, 1701 das Monopol zu verpachten, so war das keine grundsätzliche Entscheidung; ihr lag mehr an den Tabakeinkünften, die Form, unter der sie eingingen, war Nebensache. Bereits 1704 (5. Oktober) wurde das Monopol durch einen Aufschlag auf Erzeugung und Verkauf ersetzt (Fabrikatsteuer) und dieser 4 Jahre später durch einen Einfuhrzoll gegen den fremden Wettbewerb ergänzt[2]). Die fortdauernde reichliche Einfuhr fremder Tabake veranlasste die Regierung Karls VI., nach merkantilistischen Grundsätzen die Fabrikation durch eigene Regie zu betreiben, die Einfuhr zu beaufsichtigen und den Tabakbau zu fördern (14. September 1722). In demselben Jahre wurde die erste kaiserl. Tabakfabrik zu Hainburg an der Donau gegründet.

Das Monopol war in seiner Pachtform beseitigt worden, weil die Fabrikate bei hohen Preisen schlecht blieben und die Pflanzer über niedrige Ein-

---

[1]) Ein Hofnarr soll dem Kaiser geraten haben, ein mageres Pferd zum Hofkammerpräsidenten zu machen; es werde dann gewiss fett werden (Archiv f. Kunde österr. Gesch.-Quellen, 20, S. 319, citiert bei Plenker, Oesterr. Rev. 1863, S. 863).

[2] Aus demselben Grunde wurde der Aufschlag 1706 ermässigt und 1714 (27. März) der Verkauf im Inland freigegeben, so dass die Steuer nur Einfuhr und Erzeugung traf (Hauer, Beiträge, 1848, S. 67, Cod. Aust. I.

lösungspreise klagten ¹). Das Monopol ward jetzt um des gemeinen Nutzens willen wieder eingeführt, da „von geraumter Zeit eine sehr grosse Quantität fremden Tabaks alljährlich in unsere Erbkönigreiche . . . eingeführt und hingegen namhafte Summen Geldes darvor ausser Land gebracht; hierunter aber das Publikum nicht allein des hohen Wertes willen, in welchem solcher Tabak verkauft wird, beschwert, sondern auch in der Qualität öfters hintergangen werde". Nach dem neuen System wurden in den Provinzen Verschleissverwalter eingesetzt, die zugleich den Einkauf des Rohmaterials zu besorgen hatten. Die Hauptverwalter trugen freilich mehr den Charakter von Pächtern, denn sie waren verpflichtet, einen bestimmten jährlichen Ertrag an die Justiz-Banko-Deputation abzuliefern; dieser Ertrag war z. B. für Oberösterreich auf 20.000 fl., für Böhmen auf 35,000 fl. festgesetzt ²).

Durch die unmittelbare Staatsaufsicht über die Fabriken, deren es jetzt zehn gab, über den Anbau und die Einfuhr, hoffte man alle Mängel zu beseitigen. Doch der Staat erwies sich noch als unfähig, ein geschäftliches Unternehmen gehörig zu leiten, wie aus seiner Ernennung des Hauptbankdirektors zu ersehen war, denn dieser war, wie ein trefflicher Kenner berichtet³), ein ehemaliger kaiserl. Kammerdiener ohne Geschäftskenntnisse, die wahrscheinlich auch nicht bei seinen Untergebenen zu finden waren.

Die geringen Einkünfte von knapp 300,000 fl. — Adolf Beer nennt sie „winzig", obgleich sie gegenüber den Einkünften der Jahre 1711—21 von 66,000 fl. einen grossen Fortschritt darstellen⁴) — bewogen Karl VI. (1725), einen portugiesischen Juden, Diego d'Aquilar, zu Rate zu ziehen, der mit dem Tabakmonopol in seiner Heimat bekannt war. Aus seinen Ratschlägen ergaben sich folgende Verwaltungsgrundsätze (27. Dezember 1725):

„1. sey das Privativum des Tabakhandels als das einzige Mittel, dieses Gefäll recht einträglich zu machen, mit aller Strenge festzusetzen und in Vollzug zu bringen,

2. sey der Tabakpreis sowohl im Gross- als im Kleinhandel mittels eines verhältnismässigen Tariff so zu bestimmen, dass der Käufer nicht beschwert werde, des Verkäufers übermässiger Gewinn hingegen dem uerario zu Gute komme!

3. sey der Tabakbau in jenen Ländern, wo eine gute Art erzeugt werde, wegen der leichten Uebersicht so viel als möglich zusammen zu ziehen, an jenen Orten hingegen, wo kein guter Tabak wächst, als in Böhmen und Niederösterreich, oder wo es wegen des Schleichhandels zu gefährlich ist, gänzlich zu verbieten,

4. um dies Gefäll auch in Hungarn einzuführen, sey es mit dem Hofkriegsrath sowohl als der hungar. Hofkanzley in Erwägung zu bringen."

---

¹) Die erste Verordnung über die Einlösung stammt von 1701, nachdem das Patent vom 13. Januar 1699 bestimmt hatte, dass ein Verzeichnis der mit Tabak bebauten Grundstücke bei der Landesdirektion niedergelegt werden sollte. Daraufhin ward der Pächter verpflichtet, alle von inländischen Pflanzern angebotenen Blätter zu kaufen.
²) C. A. IV. 11. Martii 1723.
³) Plenker n. a. O. 1863, Bd. II.
⁴) Die Einkünfte aus dem Salzmonopol betrugen damals zwischen 2½ und 3 Mill. fl.

Nach längeren Beratungen folgte dann eine Verpachtung an Diego, der als Jude durch einen Bevollmächtigten verhandelte, und so verschwand die erst vor 3 Jahren errichtete eigene Regie. Im folgenden Jahre, als der erste Pachtzins von 400,000 fl. sich als zu hoch erwies, wurde ein anderer Kontrakt geschlossen und 1728 erneuert.

Die neuen Grundsätze der Verwaltung brachten eine Reihe Aenderungen: das Verbot des Tabakbaus in den böhmischen Provinzen, eine strengere Ordnung des Verschleisswesens durch das Konzessionssystem vom 1. Dezember 1733, eine Verschärfung der Kontrolle und der Strafen. Die Einkünfte stiegen dadurch bei wachsendem Tabakverbrauch allmählich von 350,000 fl. (1725) auf 460,000 fl. (1729).

Durch diesen Erfolg ermutigt, versuchte die Regierung auch den ungarischen Tabakbetrieb zu verpachten. Dies gelang 1732 (27. August); doch nach 10 Jahren[1]) beseitigten die ungarischen Stände das Monopol.

Unterdess führten nämlich die Mängel der Verwaltung zu einem vierten System, das sich damals auch auf anderen Gebieten der Verwaltung findet. Schon Karl VI. fing an, die Leitung des Monopols gegen eine feste Summe der Provinzialverwaltung zu übertragen. Das Salzmonopol wurde 1732 versuchsweise den Ständen in Oberösterreich gegen ein Pauschquantum überlassen. Aehnlich verfuhr man mit den andern indirekten Abgaben[2]). Der Wechsel geschah nach Plenker aus dreierlei Gründen: „um den Ständen die Aufbringung der Kontributionen zu erleichtern, um von ihnen die Uebernahme von Staatsschulden auf das Land zu erlangen, vielleicht auch um Regiekosten zu ersparen." Beim Tabakmonopol hoffte man ausserdem wohl das häufige Wechseln der Pächter (1734, 35 u. s. w.) mit seinen Unannehmlichkeiten zu vermeiden und vor den Klagen über Willkür der Pächter Ruhe zu finden. Nachdem z. B. die böhmischen Stände der Regierung eine jährliche Summe von 450,000 fl. zugesichert hatten, erhielten sie das Recht „freier Manipulation" in ihrer eigenen Tabakbesteuerung „für immerwährende Zeiten". Einige Jahre später aber, als die Stände von Mähren und Schlesien sich durch den schlesischen Krieg ausser stande sahen, ihre Lasten aufzubringen, wurde die Tabakbesteuerung wieder der Zentralverwaltung überwiesen (1744). Da diese mit der Verpachtung kein Glück hatte (1747), so blieb sie bei den Grundsätzen, die vorher in Mähren befolgt wurden: jeder Kreis, dann in absteigender Linie jede Gemeinde, jedes Dominium war zur Abnahme eines bestimmten Quantums von Tabak verpflichtet — wobei ein Abschlag von 10—15 % des Verkaufspreises gewährt wurde. Später übernahmen die Stände wieder das Monopol. Oberösterreich versuchte 1758 ein ähnliches Verfahren, weil Klagen laut wurden, „dass der freye Anbau des Tabaks gehemmt werde, der in- und ausländische Handel gesperrt sei, man öfters für theures Geld den Tabak nicht in gehöriger Güte bekommen könne und dass von den Ueberreutern schwere Exzesse verübt würden"[3]). Gleich darauf folgten die Stände von Niederösterreich diesem Bei-

---

[1]) In diesen Jahren (1732—41) stiegen die Monopoleinnahmen um 56,3%, von 400,000 fl. auf 719,000 fl. Den genauen Umfang der ungarischen Pachtung konnte ich in den Archiven nicht festatellen.
[2]) Cod. Aust. IV, S. 120, 132.
[3]) Cod. Aust. V, S. 1302.

spiele, damit „der Kaufpreis in allen Gattungen des Tabaks merklich herabgesetzt, anbey der Tabak selbst in ächter und besserer Qualität als vormals dem Publiko verkauft werde".

Das neue System brachte der Bevölkerung keinen Vorteil, weil daneben eine Reihe neuer Steuern eingeführt werden mussten, so in Böhmen eine Kaminsteuer von 10 kr., in Unterösterreich als Ergänzungssteuer eine Personensteuer[1] u. a., Steuern, die trotz ihrer Mannigfaltigkeit weniger angenehm waren als der frühere Zustand. Der besondere Vorzug des Monopols bestand darin, dass es eine bequeme Steuererhebungsform[2]) war. Diese Eigentümlichkeit trat jetzt zu Tage, und obgleich die Erträgnisse beträchtlich gestiegen waren — 1759 auf 778,000 fl. — fand doch die Ministerial-Banko-Deputation bei der durch die Lasten des Siebenjährigen Krieges veranlassten Reform der indirekten Steuern allgemeinen Anklang mit dem Vorschlag, das ganze Monopol wieder zu verpachten. Das alte System war schliesslich finanziell der Zentralverwaltung günstiger und nicht weniger den Ständen. Der Vorschlag wurde angenommen und der Tabakhandel wieder für ein reines „Privativum und unserm aerario allein zustehendes Regale" erklärt[3]).

Die erste Pachtung scheiterte bald an der finanziellen Schwäche der Pachtgesellschaft. Die neue vom 1. Januar 1765 (1775 erneuert), die letzte ihrer Art, umfasste zunächst noch nicht Innerösterreich. Allmählich wurde das Monopol ausgedehnt, 1770 über Innerösterreich, 1777 über Galizien[4]) bei seiner Einverleibung und bald nachher auch über das Innviertel.

---

[1] Jeder Fürst und kaiserl. königl. Geheimer Rat als Haupt der Familie 18 fl., jeder Bischof und Graf u. s. w. 12 fl.; so weiter abwärts bis zu jedem kleinen Datzenhaussler 24 kr.

[2]. Diese Erfahrungen finden ihr Gegenstück in dem französischen während der Jahre 1790—1810. Bulletin de statistique et de législation comparée, 1877, S. 94. Die konstituierende Versammlung hatte 1790 die Aufhebung aller Binnenzolllinien ausgesprochen. Danach konnten die Francbe Comté, Elsass und Flandern ihre bevorrechtete Stellung in der Behandlung des Tabaks nicht behalten. Man musste das Monopol auf diese drei Provinzen ausdehnen oder es für ganz Frankreich aufheben. Die Versammlung, ohne Zweifel von dem Wunsche beseelt, alle monopolistischen Einrichtungen der alten Regierung zu beseitigen, wählte das letztere und entschied sich für einen Zoll von 25 Livres auf den Zentner eingeführten Rohtabaks mit 25% Nachlass für die Wiederausfuhr auf französischen Schiffen. Dadurch fielen die Einkünfte alsbald von 32 Mill. Fr. im Jahre 1790 auf weniger als 2 Mill. Fr. darnach (?). Auch wurde um vielfach verfälschter Tabak zu den alten Preisen verkauft. Ueber die Tabaksteuer wurde während des Direktoriums und des Konsulats in jeder Session verhandelt und 1792 und in den Jahren 6, 7, 10 Aenderungen beschlossen. Der Zollfuss wurde erhöht; eine Fabrikationssteuer eingeführt und später verschärft. Trotzdem blieben die Einkünfte noch unter 5 Mill. Man bemühte sich energisch den ausgedehnten Schmuggel zu unterdrücken. 1806 wurden Regiemarken und Vignetten (ähnlich den Banderolen) eingeführt. Die Einfuhrzölle stiegen von 100 Fr. (Jahr 12) auf 200 Fr. (1806) und schliesslich auf 440 Fr. (1810). Die Strafen wurden verschärft, alles vergeblich! Die Erträge erreichten 1809 mit kaum 11 Millionen noch nicht die Hälfte jener 32 Millionen, die man vordem (1790) eingenommen hatte; und doch waren die Verkaufspreise ziemlich dieselben, nur die Qualität der Fabrikate hatte durch die Verfälschungen gelitten. Da man die schweren Strafen gegen die Defraudanten nicht noch verschärfen konnte, so musste man sich zu einer Aenderung der Grundlagen bequemen. Durch kaiserl. Dekret vom 20. Dezember 1810 wurde das Monopol wieder eingeführt.

[3] Patent vom 19. Dezember 1763. Hier wird nicht allein das Tabakgefäll berücksichtigt, sondern zugleich auch das Papier-, Stempel- und Kartengefäll der Aerarialverwaltung überwiesen.

[4] In Galizien bestand schon vorher ein Tabakmonopol. Nach einem Patent vom 21. Dezember 1792 sollte das galizische Gefäll auch die Bukowina umfassen; seit dem 2. Januar 1796 gehörte auch Westgalizien dazu.

Die Richtung auf Wiederaufnahme der eigenen Regie zeigt sich zuerst in dem Einfluss der Regierung auf die Gebarung der Pachtung. Da jetzt allgemein die Klausel auftritt „25 %/o ... vom Reingewinn an die Regierung", so gewann diese ein dauerndes Interesse an der Geschäftsführung, das beim Pachtvertrage zu der Bestimmung führte, dass die Regierung einen Vertreter als mitverwaltenden Beamten anstellen könne. Diese Aufsicht und Mitwirkung wuchs, bis die Hofkammer in allen wichtigen Angelegenheiten des Monopols, bei Anstellung der Beamten, bei Verträgen mit den Pflanzern u. s. w. mitzureden hatte. Auf diese Weise gewann die Regierung eine Schar von Beamten, die genügend mit den augenblicklichen Bedingungen des Tabakbaues, der Fabrikation und des Handels bekannt waren, um sich zur Uebernahme der ganzen Verwaltung fähig zu fühlen, mit anderen Worten, um auch dem Namen nach zu übernehmen, was sie in Wirklichkeit besassen. Das ging um so leichter, weil Joseph II. die Steuerpachtungen als schädlich für das Land ansah. So ging das Monopol zum letztenmale in unmittelbare Staatsverwaltung[1]) über. Die Worte des Dekrets lauteten: „Die ehemalige Tabakpachtungsgesellschaft hat mit Ende des Jahres 1783 aufzuhören und die Verwaltung dieses Gefälls ist in Zukunft einer eigenen kaiserl. königl. Direktion zu übergeben"[2]).

Damit schliesst der erste Abschnitt in der Geschichte des Gefälls. Diese Periode kennzeichnet sich nicht nur durch einen häufigen Wechsel der Pächter, sondern auch durch vielerlei Schwankungen in der Form des Gefälls sowie in der Höhe der Einkünfte. Erst in der zweiten Hälfte des 18. Jahrhunderts, d. h. erst nach dem Siebenjährigen Kriege, kommt Klarheit in die Absichten der Verwaltung — eine Folge einer besseren Beamtenorganisation und eines beginnenden Verständnisses für das Wesen der Tabaksteuer.

Die Unterschiede der Fabrikatsteuer, der Pachtung und der eigenen Regie treten in der bisherigen Entwicklung hervor, und ihre Erfahrungen sprechen gegen die Tabaksteuer. Die finanziellen Bedürfnisse forderten das Weiterbestehen des Gefälls, denn am Schlusse dieses Zeitraums bildeten die Reineinkünfte 12 °/o des Budgets — (in Frankreich damals 12,3 %) — und sie betrugen 50 °/o der gesamten Verzehrungssteuern —, ein befriedigendes Ergebnis.

Nachstehend geben wir eine Zusammenstellung der jährlichen Reinerträge bis 1783:

1670—79	Einfuhrzölle.	
1679—86	2,400 fl.	für Steiermark, Kärnthen, Krain und
1687—94	7,500 fl.	das Küstenland.
1695	10,000 fl.	
1696—1700	8,500 fl.	die vorigen mit Oberösterreich.
1701	14,700 fl.	
1702	50,100 fl.	die vorigen mit Böhmen, Schlesien, Mähren.
1703	61,100 fl.	die vorigen mit Niederösterreich.

---

[1]) Die Geschichte des französischen Tabakmonopols bis zur Revolution 1791 umfasst nur verschiedene, nicht stets erfolgreiche Pachtungen. Erst die Revolution rüttelte an dem Monopol und beseitigte es. Siehe Furcher-Creizenach, Die französische Tabakregie. Mainz 1868.

[2]) Hofdekret Nr. 20. 1783. Zur Beseitigung besonderen Widerstandes gegen diese Aenderung wurde ein Jahresbetrag von 10,000 fl. als „Geheimgeld" ausgesetzt.

Jahr	Betrag	Bemerkung
1704	66,100 fl.	die vorigen mit Niederösterreich.
1705	150,000 fl.	desgl.
1706—09	100,000 fl.	desgl.
1710	83,000 fl.	desgl.
1711—21	66,000 fl.	desgl.
1722	84,800 fl.	desgl.
1723	175,750 fl.	desgl.
1724—26	300,000 fl.	desgl.
1727 u. 28	350,000 fl.	desgl.
1729—31	460,000 fl.	desgl.
1732	469,000 fl.	die vorigen mit Ungarn.
1733	509,000 fl.	desgl.
1734	649,000 fl.	desgl.
1735 u. 36	615,000 fl.	desgl.
1737	625,000 fl.	desgl.
1738 u. 39	665,000 fl.	desgl.
1740 u. 41	719,000 fl.	desgl.
1742	710,000 fl.	desgl.
1743	529,166 fl.	ohne Ungarn.
1744	472,300 fl.	Schlesischer Krieg; Verlust von halb Schlesien.
1745	465,300 fl.	desgl.
1746	466,666 fl.	desgl.
1747	485,000 fl.	desgl.
1748	476,666 fl.	desgl.
1749	536,666 fl.	desgl.
1750—53	531,666 fl.	desgl.
1754	533,232 fl.	desgl.
1755—58	541,666 fl.	desgl.
1759—63	778,000 fl.	desgl.
1764	745,760 fl.	desgl.
1765	1,116,655 fl.	desgl.
1766	1,114,586 fl.	desgl.
1767	1,130,203 fl.	desgl.
1768	1,140,324 fl.	desgl.
1769	1,234,221 fl.	desgl.
1770	1,253,088 fl.	desgl.
1771	1,258,471 fl.	desgl.
1772	1,264,840 fl.	desgl.
1773	1,288,093 fl.	desgl.
1774	1,298,897 fl.	desgl.
1775	2,279,175 fl.	desgl. In Wirklichkeit 1¾ [Jahr.
1776	1,755,289 fl.	desgl.
1777	1,774,765 fl.	desgl.
1778	1,929,327 fl.	mit Galizien und dem Innviertel.
1779	1,995,840 fl.	desgl.
1780	2,039,545 fl.	desgl.
1781	2,083,769 fl.	desgl.
1782	2,083,769 fl.	desgl.
1783	2,838,104 fl.	desgl.

Anmerkung. Die galizische Pachtung brachte in den 5½ Jahren von 1778—83 durchschnittlich 201,000 fl.

2. Der Regieperiode erster Teil.
1784—1835.

Alle Fortschritte, die am Schluss des vorigen Paragraphen hervorgehoben wurden, hatten sich aus der Erfahrung ergeben; aber diese Erfahrungen waren noch lange nicht eingehend und umfassend genug, um den künftigen Bestand der Monopolorganisation als gesichert erscheinen zu lassen. Davon kann erst 50 Jahre später die Rede sein. Nichtsdestoweniger waren die Aussichten des staatlichen Betriebes anfangs ziemlich günstig. Denn wenn auch 1784 Oesterreich immer noch in monopolpflichtige und nicht monopolpflichtige Länder (Ungarn mit seinen Nebenländern, die Lombardei, die Niederlande, Tirol, Vorderösterreich und die Bukowina) geteilt war, so hatten sich doch die „Tabakeinkünfte" in den letzten 20 Jahren mehr als verdoppelt. Das erste Betriebsjahr ergab schon ein Mehr von 300,000 fl. gegen das Jahr 1783; und Kaiser Joseph liess im Eifer für seine Reformpläne keinen Augenblick ungenützt vorübergehen. Seine Vereinigung der Finanzorgane zu einer „Vereinigten böhmisch-österreichischen Hofkanzlei, Hofkammer und Ministerial-Banko-Deputation" (meistens kurz „Vereinte Stelle" genannt) war ein wichtiger Fortschritt in der Organisation der Verwaltung, der dann ergänzt wurde durch die Einrichtung einer der Vereinten Stelle untergeordneten Kaiserl. Königl. Tabak-Gefälls-Cameral-Direktion, bestehend aus vier Direktoren. Die Zölle stiegen 1784 durchschnittlich um 60%, und in demselben Jahre (22. April) wurde das neue Tabakpatent erlassen, das die alten Ordnungen genau und scharf erläutern und im allgemeinen der neuen Regieverwaltung die Wege bahnen sollte.

Nicht nur aus Rücksicht auf die Finanzen, sondern vielmehr aus Rücksicht auf die Volkswirtschaft kam man zur Einführung der eigenen Verwaltung. Die Einleitung zum Gesetz führt aus, „dass diese Abänderung keineswegs auf eine Erhöhung des Gefälls, sondern vielmehr dahin abziele, den von der eigenen Verwaltung erwarteten grösseren Nutzen zum Besten der Staatsbedürfnisse und, wann es die Umstände gestatten werden, zur allgemeinen Erleichterung anzuwenden"[1]. Man begünstigte den Tabakbau einerseits durch hohe Schutzzölle, anderseits durch unentgeltliche Baulizenzen. Die monopolfreien Provinzen sollten in Ansehung dieses Gefälls wie fremde Länder behandelt werden, selbst die Durchfuhr von einer besonderen Bewilligung abhängen: eigene Aufseher wurden angestellt, den Schmuggel — dieses Schreckgespenst einer öffentlichen Verwaltung — zu unterdrücken. Ebenso wollte man sich die Vorteile eines grossen Geschäftsunternehmens nicht entgehen lassen; man wollte sich mit dem Kauf und Verkauf von Tabak befassen, mit Rohtabak spekulieren und die heimische Tabakindustrie durch sorgliche Behandlung bessern und ausdehnen.

Das waren die hoffnungsvollen Ziele der Verwaltung; allein man muss von vornherein sagen, dass manche darunter sind, die ein Monopol selbst heute bei hochentwickelter Betriebsorganisation nicht in befriedigender Weise ver-

---

[1] Doch wurde sorgsam hinzugefügt — „damit aber nicht etwa jemand auf den Wahn geführt werde, als ob durch diese neue Behebungsart die Einfuhr, der Anbau und Verkauf des Tabaks freigegeben wird". Cod. Aust. IV.

wirklicht hat. Ja, in den nächsten Jahren hatte die Regie selbst einen ziemlich schweren Stand, aber nicht allein wegen ihrer mangelnden Organisation. Schliesslich änderte Leopold 1807 die Verwaltung in der Weise, dass er einen besonderen Direktor mit einem technischen Administrator als Beirat an die Spitze stellte, ein Schritt, der schon die Tendenz zu den grossen 25 Jahre später vorgenommenen Reformen zeigt. Die Verhältnisse blieben aber so, dass Plenker von „demselben Mangel an Vertrauen von oben und von unten und demselben schleppenden Geschäftsgang" redet. Wurden auch zuweilen bedeutende Quantitäten im Auslande abgesetzt, „am Ende waren doch," wie er sagt, „alle diese Unternehmungen mehr dilettantisch und das gepriesene günstige Resultat wurde oft selbst mit pekuniärem Nachteil erkauft; die Regiegewinne am Export von Schnupftabak nahmen zu, als sich das Aerar von den Spekulationen zurückzog und den auswärtigen Handel Privaten überliess" [1]).

Die Schwierigkeiten, mit denen die Regie zu kämpfen hatte, und die früheren Verhältnisse im Tabakbau werden verständlicher werden, wenn wir nachweisen, unter welchen Bedingungen das Rohmaterial im Inlande beschafft wurde.

Man war hauptsächlich auf Ungarn angewiesen. In Böhmen und Steiermark war der Anbau gering; er wurde nach einigen Jahren (7. März 1806) verboten. Tirol kam wenig in Betracht, da es nur Schnupftabak lieferte. Nur Galizien, dessen Tabakbau die Regierungskommissare schon vor 1783 gefördert hatten und dem besonders das strenge Schutzsystem Kaiser Josephs zu gute gekommen war, war der einzige Rivale Ungarns. Die Ernten beliefen sich hier vor 1783 häufig auf 80,000 Ztr. (ebensoviel wie 1871: 82,564 Ztr.); doch brauchte die Regie in dieser Zeit zwischen 200 und 250,000 Ztr. Die hohen Kornpreise während des grossen Krieges und die unbefriedigende Zahlungsweise der Regie (anfangs wegen des Agios auf Silber in Papier, dann auf Beschwerden in Papier und Kupfer) minderten nach Plenkers Darstellung den Anbau in Galizien und zwangen zu grösseren Ankäufen in Ungarn, wo man indes dem freien Wettbewerb der Tabakhändler begegnen musste. Die folgende Tabelle zeigt diese Entwicklung.

Jahr	Galizische Ernte Ztr.	Jahr	Regieeinkäufe in Ungarn Ztr.
1799	150,459	1792	75,646
1800	112,767	1793	140,002
1801	99,832	1802	170,328
1802	88,984	1804	161,000

Den Regiebeamten fehlte zu diesen grossen Einkäufen (die ungarische Ernte betrug etwa 200,000 Ztr.) die nötige Gewandtheit. Sie machten den Pflanzern keine Vorschüsse, wie es die Händler thaten, und scheinen die Preise nicht in gehöriger Weise erhöht zu haben, was bei den stetig steigenden

---

[1]) Oesterr. Rev., Bd. III, 1863. Als Leopold die Hofstelle in ihre einzelnen Departements auflöste, war das selbständige Bestehen der Tabakdirektion einige Zeit gefährdet, bis jene Reform eingeführt wurde.

Preisen dieser Jahre wichtig gewesen wäre. So strichen natürlich die Händler bei ihren Verkäufen an die Regie hohe Gewinnste ein.

Als dies und manches andere die Einkünfte schmälerte — sie fielen von 9 Millionen 1818 auf 4 Millionen 1818 —, entschloss man sich, Aenderungen zu treffen und zwar
1. Ungarns Tabakbau durch eine Erniedrigung des Ausfuhrzolles (von 12 auf 2 fl.) zu fördern,
2. den Tabakverbrauch durch billigere Verschleisspreise zu heben,
3. die Einlösungsämter abzuschaffen und kontraktliche Einkäufe zu machen.
— Die beiden ersten Maassregeln konnten nicht unmittelbar wirken; die dritte begünstigte in guten Jahren die Verkäufer, während sie bei schlechten Ernten häufig der Regie nachteilig[1]) war. Für einen Zeitraum von 5 Jahren ergibt sich kein Zuwachs in den Einkünften, ~~die sanken von 1818—20 um 100% und stiegen von da bis 1822 nur um 80%.~~ Die Ausdehnung des Monopols über Dalmatien (1. Mai 1820, wo aber seit 1814 das Regal den Landesbehörden unterstanden hatte) und über Tirol[2]) (1828) bei seiner Einverleibung in das Zollgebiet konnte unter solchen Umständen keinen grossen Nettogewinn versprechen.

Während dieser ganzen Periode wie während der vorhergehenden war der Schmuggel ein ständiger Begleiter des Monopols. Seine grosse Ausdehnung in diesen Jahren zeugt mehr von dem mangelhaften Zustande der Zollbehörden als der Tabakdirektion. Heute wird der Schmuggel nicht nur durch die bessere Aufsicht an der Grenze, sondern auch durch die Organisation im Inlande nach Kräften beschränkt. Es ist jetzt gefährlich, geschmuggelten Tabak zu verkaufen; die Tabakverschleisser z. B. fürchten, dadurch ihre Lizenz zu verlieren, und in den Städten ist der direkte Verkauf auf ein Mindestmass beschränkt[3]). — In früheren Jahren war die Organisation der Zollbeamten ebenso schlecht wie die der heimischen Verwaltung. Seit den allgemeinen Klagen von 1694, dass die „Unordnung" an unserem Mauthgefälle „merklichen Schaden" verursache, werden die Gesetze gegen den Unterschleif fort und fort „erfrischt und verschärft" — doch ohne Erfolg. „Die häufigen und täglich sich mehrenden Defraudationen und Einschwärzungen" förderten „die höchst sträflichen Vermischungen und Verfälschungen der von unseren Manufakturen fabrizierten Tabake" (Gesetz von 1725). — Dazu waren die geistlichen Leiter des Volkes gute Freunde der Schmuggler. Vergeblich wurden sie mit der „Sperrung der Temporalien" bedacht; immer neue Klagen ertönen, dass „in einigen geistlichen Wohnungen und Klöstern die Tabakverschwärzer gehegt, denselben Unterschlupf gegeben,

---

[1]) Plenker, in der Oesterr. Rev. 1863, den wir hier als einzige Quelle haben, erwähnt noch andere Missstände. So standen nicht selten einzelne Magazine leer, während andere überfüllt waren.

[2]) Hier blieb der Privatbau zunächst gestattet, besonders in Nordtirol, wo das „Hauskraut" früher sehr verbreitet war. Dann trat hier ebenso wie 1851 in Ungarn eine Entschädigung ein. Die kleinen Fabrikanten erhielten Stellungen bei der Regie und an die Grundbesitzer, die die Befugnis zum freien Tabakbau verloren, wurden 400,000 fl. ausgezahlt. (Zirkular vom 2. April 1826.) Die beliebtesten Tabaksorten wurden — allerdings nur in Tirol — zu besonders ermässigten Preisen verkauft, doch war dies eine vorübergehende Maassregel.

[3]) Von ungesetzlichem Verkauf in tabakbauenden Gegenden später; in den Städten hat der Verfasser gefunden, dass man zwar fremdes Gewächs bekommen kann, aber die Preise sind sehr hoch und der Verkauf ist kaum erwähnenswert.

auch von ihnen eingeschwärzter Tabak erkauffet und allda fabrizieret werde". Später (1749) wurde bestimmt: "geistliche Stifter . . . und Herrschaftsbeamte auf dem Lande sollen . . . auf Begehren ausweisen, woher sie ihren nötigen Tabak in quanto und quali erkaufet haben". Plötzliche Revisionen u. dergl. sollten stattfinden; doch besassen Standespersonen und Geistliche eine Zeit lang das Recht, schriftlich zu antworten.

Manche dieser Gesetze, die sich auf die grosse Menge beziehen, fallen durch ihre Härte auf. Ein Gesetz von 1761 erklärt, "es seye vorgekommen, dass in diesem Erzherzogthume Oesterreich die Tabakschwärzer auf das neue über Hand zu nehmen beginnen, in stärkeren Haufen zu 12 und 15 Köpf stark, auch wohl gar bewaffnet erscheinen und das Land mit freyem Tabakhandel durchwandern", und bestimmt dagegen, dass ein Schmuggler als "Störer der allgemeinen Ruhe" beim ersten Vergehen, wenn er die Strafe von 16 fl. für das Pfund konfiszierten Tabaks nicht zahlen könne, "zu einer öffentlichen Arbeit in Band und Eisen auf zwey Jahre . . . für das dritte Mal auf zehen Jahre verschaffet werden solle". In anderen Fällen wurde der Schmuggler unter die Soldaten gesteckt oder verurteilt, "ad poenam corporalem et labores publicos" oder "zu den Weg- und Strassenreparationen" u. s. w. Den Tabakbau ohne Lizenz traf die harte Strafe von 1 fl. für das Pfund frischen Tabaks. Ein Gesetz von 1764 (1. Februar) klagt über "von einigen Herrschaften und Obrigkeiten nicht zulänglich geleistete Assistenz" und über "öfters in Visitationen mit Thätlichkeiten, auch sonst ausgeübte Widerstreitigkeit", und über die "vermehrten Defraudationen und Einschwärzungen". Den Reisenden waren früher 2 Pfund freigegeben, später 1 und dann nur ½ Pfund¹). Eine eigentümliche Verordnung von 1760 erklärt, "so bald und so oft an einem Orte ein Kroat oder Schlowack mit einfach oder doppelten Hacken, grossen zweyschneidigen Messern oder sonstigem Gewehre betreten wird, solle selber ohne weiteres und wenn er auch wirklich kein Tabakschwärzer wäre, handfest gemacht werden". Solche Massregeln waren nur nötig bei einem sehr entwickelten Schmuggelbetriebe, der noch für manche Jahre die Einkünfte schmälerte. Etwas später (1765) lesen wir, dass "ganze Rotten Schwärzer . . . hin und wieder ihren Paschhandel ganz ungescheut treiben, auch unseren Tabakbeamten mit grösster Gewalt widerstehen". Dazu kam, wie Plenker (österr. Revue 1803, Bd. 2, S. 105) und Adolf Beer (Fin. Oesterr. im 19. Jahrh., S. 167) es betonen, neben der bekannten Trennung der Provinzialverwaltungen noch die mangelnde Energie gegenüber angesehenen Schmugglern und die vollkommene Organisation der Aufsichtskörper. Jener schreibt: "Ueberreuter wurden für jedes Gefälle bestellt; diese hatten aber keine Autorität, keine Disziplin. Zahlreiche Verordnungen bewiesen entweder ihr exzessives Benehmen oder dass die Regierung nicht immer den Mut hatte, ihre Untergebenen zu verteidigen"²).

---

¹) Eine besondere Art Schmuggel, etwa 1740—50, verdient Erwähnung. Es wurde geklagt, dass die spanische, französische und türkische Botschaft und der päpstliche Nuntius Tabak in ungeheuren Mengen einführt und öffentlich verkauft hätten. Der türkische Botschafter allein hatte 1000 Ballen Tabak eingeführt und dem Pächter 100,000 fl. Schaden verursacht.

²) Eine andere Massregel verdient auch Erwähnung, nämlich, dass damals zur Verurteilung eines Schmugglers dolus stets erforderlich war: heute dagegen (Entscheidung vom 14. Mai 1821) "kommt es auf den bösen Vorsatz nicht an".

Diese Verhältnisse bestanden jahrelang ohne nennenswerte Reformen. Von 1789—1817 finden sich z. B. fünf unbedeutende Erlasse über kleinere Verwaltungssachen, dagegen 22 über Bestrafung von Gefällübertretungen. Graf Stadion brachte zwar 1814 einen neuen Zug in die allgemeine Verwaltung, aber erst in den Jahren 1830—35 wurde die Regieorganisation gründlich geändert. Diese Verbesserungen bezeichnen einen Wendepunkt in der Entwicklung des Monopols.

Der erste Schritt war 1830 (27. August) die Auflösung der Fabriken- und übrigen Gefälls-Administrationen und die Errichtung der Vereinigten kaiserl. königl. Kameral-Gefüllen-Verwaltungen für die verschiedenen Provinzen. Drei Jahre später trat die kaiserl. königl. Kameralbezirksverwaltung ins Leben. Diese bildete unter der Leitung der Hofkammer einen viel versprechenden einheitlichen Mittelpunkt der Organisation. Ein Schritt nach dem andern erfolgte. Am 1. Februar 1835, ein Jahr vor einer ähnlichen Massregel in Frankreich (5. Januar 1836), kam die verständigste Einrichtung, eine besondere Tabakfabrikendirektion zur Besorgung des Rohmaterials und allgemeinen Leitung der Fabrikation. In demselben Monat (Hof-Präs.-Dekret vom 23. Februar 1835) wurde eine gründliche Aenderung des Verschleisswesens durchgeführt, und eine neue Auflage des allgemeinen Verschleisstarifs für den 1. April beschlossen. Diese Massregel hielt man für die notwendigste, da mehrere Aenderungen teils in den Preisen, teils durch eine grössere Auswahl von Tabakgattungen in den früheren Jahren und auch gegenwärtig getroffen worden seien. Die alte Unterscheidung der Grossverleger und Kleinverschleisser blieb bestehen und als neuer, wichtiger und noch heute beobachteter Grundsatz wurde die freie Konkurrenz für die weiteren Verschleissplätze eingeführt[1]), ein Grundsatz, der von der Absicht der Monopolverwaltung zeugte, das Monopol so einträglich zu machen, als es mit einer vernünftigen Geschäftsgebarung im Einklang tand[2]). Dasselbe Jahr (11. Juli 1835) brachte noch eine bahnbrechende Neuerung, die Aufstellung und Veröffentlichung einer vollständigen Staatsmonopolordnung[3]), der Zoll- und Staatsmonopolordnung im österreichischen Kaiserstaate mit Ausnahme von Ungarn, Siebenbürgen und Dalmatien. Den Abschluss bildete die Reform der amtlichen Aufsicht, bei der die Gefällverwaltungen und Bezirksverwaltungen zu einer „Gefällenwache" vereinigt wurden (Hofdekret vom 11. Juli 1835). Die Monopolordnung brachte die gesetzlichen Bestimmungen untereinander in Einklang und beseitigte die Verwirrung der verschiedenen Gesetze und Vorschriften, die grösstenteils veraltet waren. Ihre Veröffentlichung gab dem Publikum zum erstenmale einen Einblick in die Einzelheiten der Regieorganisation und bildete so eine schöne Ausnahme von der Behauptung Adolf Beers, dass der österreichische Haushalt bis zum Revolutionsjahr ein mit sieben Siegeln geschlossenes Buch gewesen sei.

Trotz der mancherlei Aenderungen, die die Zukunft brachte, war diese

---

[1]) Von 1781—1831 besorgten die Invaliden und Pensionisten den Tabakverkauf unter Aufsicht einer Tabak- und Stempelgefälldirektion. (v. Tegoborski, a. a. O. II, 291.)

[2]) Um den augenblicklichen Wert der einzelnen Verschleissplätze genauer zu erkennen, wurden einige von Ihnen zur Berechnung des Ertrages provisorisch besetzt. (Dekrete vom 7. Dezember 1836, 4. Dezember 1838.)

[3]) Die übrigen Monopole umfassten Salz, Schiesspulver und Salpeter.

vollständige und systematische Monopolorganisation, die erste ihrer Art, eine aussichtsvolle Neuerung. Diese neue Ordnung, die in allen Grundsätzen der Monopolordnungen von 1835, 1851 und 1867 bis heute gilt, brach endgültig mit jenem System, das so viele Erinnerungen der letzten anderthalb Jahrhunderte in sich trug und gab damit dem Monopol seine grosse Ausbildungsfähigkeit. Hier liegt daher der entscheidende Wendepunkt in der Entwicklung des Monopols.

3. Der Regieperiode zweiter Teil.
1835—1851—1867.

Die Teilung der Pflichten und Verantwortlichkeiten ist für den Erfolg jedes geschäftlichen, vor allem jedes staatlichen Unternehmens von grosser Wichtigkeit. Vereinigt ein Beamter oder eine Gesamtheit von Beamten mehrere Pflichten, so führt das, besonders bei mangelhafter Kontrolle, zu vielen Mängeln. Hieraus erklärt sich vieles an dem langsamen Fortschritt des Monopols in früherer Zeit, besonders da damals „die Beamten der Direktion zunächst Beamten waren und nicht Fabrikanten".

Diese Trennung sicherte die Reformen, und das Kontrollwesen versprach guten Fortgang. Die technische und die administrative Leitung der Geschäfte wurden getrennt; das öffentliche Vertrauen erwarb sich die Generaldirektion durch die Veröffentlichung der Monopolordnungen. Der Eifer der letzten Jahre liess nicht nach; im Gegenteil, die folgenden Jahre mit ihrer allseitigen Thätigkeit bilden wirklich eine Reformära.

Obgleich die Verträge über die Einlösung bestehen blieben (mit dem Hause Swa für ungarische Blätter, mit dem Hause Rothschild für ausländische Blätter und Fabrikate), so trat man doch in unmittelbare Verbindung mit fremden Firmen und errichtete 1843 wieder Einlösungsämter in Ungarn, allerdings mit verbesserten Vorschriften (sorgsamere Regelung der Preise, vernünftige Vorschüsse an die Pflanzer auf ihre Ernte). Holländische Tabakpflanzer wurden als Kolonisten angesiedelt, Musterpflanzungen eingerichtet und Flugschriften über Tabakbau an die Pflanzer unentgeltlich verteilt.

Viele andere Gesetze und Erlasse zeugen von der sorgsameren Verwaltung: Beim Verschleisswesen erhielten die Trafikanten genauere Vorschriften und passende Belehrungen, besonders gegen die Tabakumgestaltung u. dergl. (N.-Enc. Landesreg.-Zirkular vom 30. Mai 1833, 20. Februar 1838 u. s. w.). Auch mit der Tabakeinfuhr und -Durchfuhr (Dekret vom 5. März 1836, 17. Juli 1838) und mit dem Tabakbau bei Apotheken befasste sich die Gesetzgebung (18. August 1829, 20. August 1842). Ferner finden sich Verbesserungen in dem Kontrollwesen, besonders die Vereinigung der Gefällen- und der Grenzwache zu einer kaiserl. königl. Finanzwache (21. April 1843), und Milderungen und genauere Bestimmungen der Strafen gegen Gefällsübertretungen (10. April 1836), wobei aber diese noch hoch genug blieben (§ 13, 14 des Gefällstrafbuches — Geldstrafe 2—10,000 fl., Gefängnis von 1 Tag bis zu 4 Jahren).

Die Einkünfte entsprechen bald den neuen Verhältnissen. Sie waren 1835 ebenso niedrig als 1800 (etwas über 4 Mill. fl.). Nach 2 Jahren betrugen sie

7½ und 1841 über 8 Mill. Nach dem Anschluss des lombardisch-venetischen Königreichs (1841) erreichten sie mit 11,300,000 fl. ihren Höhepunkt.
So waren die Monopolbehörden auf den sozialen Wolkenbruch von 1848 und seine unübersehbaren Folgen vorbereitet.

Durch die politische Einigung wurde auch das Tabakmonopol betroffen. Denn nachdem die Zolllinie beseitigt war, musste das Monopol entweder über Ungarn ausgedehnt oder ganz beseitigt werden, eine Frage, die auch in Frankreich 1791 aufgetaucht war. Gegen die Ausdehnung sprach der grosse Umfang des Tabakbaus, der Fabrikation und des Handels in Ungarn, sowie die Abneigung der Ungarn gegen die Einmischung einer Zentralstelle. Manche hielten gar die Ausdehnung des Monopols über Ungarn für undurchführbar; aber alle diese Gesichtspunkte traten gegenüber den finanziellen Bedürfnissen zurück. Das für das österreichische Finanzwesen sehr wichtig gewordene Regal abzuschaffen, bedeutete den Eintritt in eine Zeit der Steuerreformen, der Steuervermehrung und Steuerausdehnung, bedeutete eine Erneuerung der französischen Erfahrungen von 1700—1810 und der eigenen vom 18. Jahrhundert. Aus solchen Erwägungen heraus beschloss man, das Monopol zu behalten und im ganzen Gebiet der Monarchie einzuführen. Bei der Ausführung dieses Beschlusses hielt man sich an den Grundsatz der Entschädigung, der schon 1828 befolgt worden war:

Wessen Vorräte an Tabakblättern und Tabakfabrikaten seinen 4monatlichen Bedarf überstiegen, der musste seinen Tabak entweder bis zum 15. Februar 1851 ausführen oder ihn an die Regie abgeben (Gesetz vom 20. November 1850, Monopolordnung von 1851). Die Preise für das Rohmaterial bestimmten sich nach dem Einkaufspreise zuzüglich 6% Zinsen für die Zeit seit dem Einkauf. Die Preise der Halbfabrikate wurden nach gegenseitigem Uebereinkommen bestimmt; für fertige Fabrikate zahlte man die gewöhnlichen Preise des Grosshandels. So übernahm die Regie 80,817 Ztr. Tabak für 1,942,508 fl., darunter

 2,548 Ztr. Schnupftabak,
13,243 „ Rauchtabak,
54,385 „ Raublätter,
 5,948 „ Tabakmehl. Dazu kamen
 6,797,088 Stück ausländischer und
61,657,382 „ inländischer Zigarren.

Die Entschädigung für die Geschäftsleute selbst nahm verschiedene Formen an. Wessen Geschäft noch nicht 5 Jahre bestand und wer eine Tabakhandlung nur als Nebengeschäft betrieb, blieb davon ausgeschlossen. 37 erhielten Jahresrenten auf Lebenszeit (berechnet auf 35,600 fl.), 16 wurden mit fixen Summen abgefunden (241,500 fl.), 18 bekamen wichtige Verschleissplätze, die ihrem Reingewinn nach dem Durchschnitt der letzten 5 Jahre entsprachen (veranschlagt auf 21,159 fl.), 6 erhielten den kapitalisierten Wert ihrer kleinen Geschäfte (9769 fl.). Andere waren mit einer einfachen Verschleisslizenz zufrieden, noch andere begnügten sich mit einer Staatsbeamtenstelle.

Zu beachten ist, dass es damals in Ungarn sehr wenig Fabriken von einiger Bedeutung gab; von den grösseren konnte nur die von Fuchs, Philipps u. Co. als kleine ärarische Fabrik benutzt werden. Wagner schildert die

Verhältnisse sehr gut in seiner Schrift über Tabakkultur[1]): „Jeder Krämer und Tabakverschleisser liess in oder ausser dem Hause ungarische Tabakblätter verschneiden und brachte sie unter den verschiedenartigsten Benennungen und Etiketten in Verschleiss. Leute, die fünf bis zehn Zigarrenarbeiterinnen beschäftigten, usurpierten schon den Titel Fabrikanten. Auf welcher niederen Stufe die Tabakfabrikation in Ungarn vor Einführung des Monopols gestanden ist, dafür lieferten die abgelösten Fabrikate der überwiegenden Mehrzahl nach entsprechende Beweise, die noch darin eine weitere Bestätigung finden, dass ungeachtet des in Ungarn bestandenen Vorurteils gegen Regiefabrikate und der Vorliebe für nationale Erzeugnisse, diese dann nur mehr mit Mühe an den Mann gebracht werden konnten, als sich die erste Agitation gegen das Monopol etwas beschwichtigt hatte und die Aerarialerzeugnisse mehr und mehr in Verschleiss kamen. Bessere Sorten Zigarren und Rauchtabake wurden in Ungarn ungeachtet des verhältnismässig geringen Einfuhrzolles von 15 fl. pro Zentner für ausländische Fabrikate, um beinahe ebenso hohe Preise als im alten Monopolgebiete verkauft; nur die allerordinärsten Sorten von Schnupftabak, Pfeifentabak und Zigarren waren billiger im Preise, aber auch weit unter der Qualität der Erzeugnisse der Monopolfabriken, die sich, wie die rapide Zunahme des Verbrauches bereits in den ersten 8 Jahren des Bestandes des Tabakmonopols bald und früher als unter den obgewalteten Umständen zu erwarten war, zeigte, die allgemeine Anerkennung der Konsumenten zu erringen wussten."

Ueber den Tabakhandel war bestimmt worden: „Der Tabakhandel kann an sich nicht als Gegenstand einer auf darauf zu begründenden Entschädigung betrachtet werden; aber auf eigentliche Tabakhändler wird besondere Rücksicht für gefüllsamtliche Tabakverschleissbefugnisse genommen." Diese Massregel war sicherlich für viele unbefriedigend; doch nach späteren Verhältnissen, als die Händler gegen eine Bewilligung zugelassen wurden, zu urteilen, kann ihre Zahl nicht gross gewesen sein. Es gab ihrer 1878[2]) neun.

Ueber die Tabakpflanzer werden wir später reden, doch sei hier so viel gesagt, dass der ungarische Tabakbau erst unter der Regie grösseren Umfang annahm. Die ersten 10 Jahre war der Tabakbau nicht so ausgedehnt, dass die Beschränkungen durch das Monopol als hemmend empfunden wären. Die Monopolordnung von 1851 sagte: „Der Tabakbau soll durch die Einführung des Monopols weder beschränkt noch unterdrückt, wohl aber durch das Gesetz geregelt werden ... jedoch nur insofern ... als es für den Bestand des Staatsgefälles unumgänglich notwendig ist."

Nachdem durch diese und andere Massregeln der Ausgleich mit Ungarn durchgeführt war, wurde die Zwischen-Zolllinie endgültig beseitigt, das Gesetz vom 29. November 1850 erneuert, und das Monopol trat am 1. März 1851 ins Leben. Die Monopolordnung von 1835 wurde wieder veröffentlicht und die neuen Verhältnisse Ungarns in einer neuen Ordnung, der Tabakmonopolordnung für Ungarn, Kroatien u. s. w. (Wien 1851), berücksichtigt. So vollzog sich die Einführung des Tabakmonopols in den ungarischen Kronländern, „welche von mancher Seite angefochten, von mancher sogar als unausführbar angesehen

---

[1] A. a. O. 4. Aufl. S. 74, und Plenker, Das österreichische Tabakmonopol seit dessen Ausdehnung auf das gesamte Staatsgebiet. 1867.
[2] Tabakenquête für Deutschland. Antworten aus Ungarn.

wurde". So tief auch diese Massregel in bestehende Verhältnisse eingriff, ihre Durchführung fand doch weniger Schwierigkeiten als man vermutet hatte [1]). Die österreichische Regie erhielt als Zuwachs Ungarn, Kroatien, Slavonien, Siebenbürgen, die Woiwodschaft Serbien, das Temeser Banat, die Militärgrenze und die Küstengebiete, alles zusammen die Hälfte des österreichischen Gebietes (5855 Quadratmeilen) mit einer Bevölkerung, die mehr als ein Drittel der anderen Hälfte betrug (14 Millionen oder 37 %). Das Monopol umfasste jetzt das ganze Kaiserreich.

Die neuen Verhältnisse brachten fast sofort „einen ungeheuren Aufschwung — teils infolge der Ausdehnung — teils durch den im allgemeinen steigenden Verbrauch, teils aber durch eine umsichtige und zielbewusste Verwaltung" [2]). Die Nachfrage nach Zigarren z. B. stieg so sehr, dass 37 Millionen Stück in Bremen, Hamburg und der Pfalz gekauft werden mussten. Erst Ende 1853, als die sieben neuer Tabakfabriken in Betrieb waren, konnte die Regie mit ihren Erzeugnissen den neuen Ansprüchen genügen. Mit dem steigenden Verbrauch stiegen auch die Einkünfte und zwar trotz der Auslagen für die Entschädigung. Die Ausgaben hierfür und für die neuen Fabriken brachten für das erste Jahr 1851 ein Defizit von 128,000 fl. Hierbei wirkte die Oesterreich feindliche Stimmung in Ungarn mit, die noch heute in gelegentlichen Ausstellungen an der Regie nachklingt, trotzdem diese seit 1867 zu einer ungarischen Einrichtung geworden ist. Die Verhältnisse besserten sich so schnell, dass das nächste Jahr für Ungarn allein einen Ueberschuss von über 3 Millionen lieferte. Auch die österreichische Reichshälfte zeigte einen merklichen Fortschritt von 14 Millionen (1851) auf 17 Millionen (1852) u. s. f. Die Abtretung der Lombardei (1859) und Venetiens (1866) führte zu leichten Rückschlägen, die bald wieder eingebracht wurden.

Die Reformen von 1830—35 hatten sich daher in den Jahren von 1848 bewährt und der Anschluss Ungarns kann als eine Frucht ihrer Durchführung angesehen werden. So trat auch 1851 kein Bruch in der gleichmässigen Entwicklung des Monopols ein; die Einbeziehung der neuen Provinzen machte es nur finanziell leistungsfähiger.

Bis 1867 gab es nur eine Verwaltungsbehörde für das ganze Monopol, die Regiedirektion in Wien; damals wurde sie infolge der dualistischen Verfassung des Reiches auf die österreichische Reichshälfte beschränkt und eine ähnliche Direktion für Ungarn errichtet. Beide stehen unter dem Finanzminister und arbeiten einheitlich [3]).

Damit hatte das Monopol — abgesehen von dem Anschluss Bosniens und der Herzegowina 1878 — seine heutige Ausdehnung und Organisation erreicht.

4. Die Stellung des Tabakregals im Budget.

Die Wichtigkeit des Tabakregals braucht nicht erst betont zu werden. Seine Erträge sind z. B. doppelt so gross als die aus den Zöllen; sie betragen

---

[1]) Plenker a. a. O. 1857.
[2]) Plenker, Oesterr. Revue. 1863. Bd. 6, S. 94.
[3]) Kürti a. a. O. S. 61 behauptet, dass ungarische Gesetz bezeichne das Monopol als provisorisch.

78% aller Verzehrungssteuern (Bier, Branntwein, Zucker, Fleisch u. s. w.) der österreichischen Reichshälfte und erreichen den Gesamtertrag der Bier- und Branntweinsteuern Deutschlands. Sie bilden 14% (1895 13,9%) des ganzen Budgets[1]).

Diese bedeutende Stelle nimmt das Monopol im Budget allerdings noch nicht sehr lange ein; und wenn die Einkünfte der letzten Jahrzehnte des vorigen Jahrhunderts auch keineswegs unbedeutend waren, so beginnt doch deren rasches Anwachsen frühestens einige Jahre nach der Errichtung der Fabrikdirektion, also etwa 1840, und wird seit 1851 sehr gefördert durch den steigenden Wohlstand des Volkes und durch die Ausdehnung des Monopols über das ganze Reich. Die sehr hohen Erträge sind dann wesentlich eine Erscheinung der neueren Zeit.

„Strenge Haushalter," sagt Beer (Die Finanzen Oesterreichs, S. 3), „waren die Habsburger selten gewesen, und die universelle Tendenz ihrer Politik wurde nicht aus eigenen Mitteln bestritten." Sei dem, wie es mag, wir wissen, dass zahlreiche Kriege die österreichischen Finanzen dauernd in Unordnung hielten, wie ein Blick in d'Elverts Finanzgeschichte wohl zeigt und die beiden Werke Adolf Beers („Finanzen Oesterreichs im 19. Jahrhundert" und „Der Haushalt Oesterreich-Ungarns seit 1868"). Die Türkenkriege steigerten die Steuersätze, mehrten die Steuern (Türkensteuer) und schufen neue indirekte Steuern, die dann erhöht werden mussten. Trotzdem waren die Erträge immer sehr gering. Verständlich ist es dann, wie das Tabakmonopol aus dem Wunsche Kaiser Leopolds hervorging, seiner schon erschöpften Kasse die Jagdkosten abzunehmen. Und verständlich auch, dass die Monopolerträge trotz ihrer Kleinheit und trotz der unbefriedigenden Verwaltung doch als ein Zuschuss zu den Finanzen festgehalten wurden.

Kaiser Karls Anstrengungen, den Finanzen durch seine Grundsteuerreform aufzuhelfen, schlugen ebenso fehl, wie sein Wechsel der Behandlung des Tabakgefälls. Erst als nach dem 7jährigen Kriege stärkere Anstrengungen gemacht wurden, um alle Staatseinkünfte zu erhöhen, erreichte die erwähnte strammere Verwaltung der Tabakpachtungen einen nennenswerten Erfolg in den reicheren Erträgen von 1765—83, während zugleich die Bedeutung des Monopols durch seine weitere Ausdehnung und den wachsenden Tabakverbrauch gestiegen war.

Der jährliche Ertrag war durchschnittlich

in den 9 Jahren 1670—79   ?
„   „ 21   „   1680—1700   6,158 fl. für Steiermark, Kärnthen, Krain, das Küstenland und Oberösterreich,
„   „ 20   „   1701—20   71,260 „   „ diese nebst Böhmen, Mähren, Schlesien und Niederösterreich,
„   „ 20   „   1721—40   434,337 „   „ diese mit Ungarn bis 1741,
„   „ 20   „   1741—60   562,166 „   ohne Ungarn; Verlust eines Teils von Schlesien,
„   „   4   „   1761—64   775,940 „

Die energische Verwaltung der nächst folgenden Jahre führte 1784 zu der eigenen Regie; aber teils weil der Russisch-Oesterreichische Türkenkrieg und

---

[1] Statistik nach v. Juraschek, Geogr. stat. Tabellen

die Napoleonischen Kämpfe den Verbrauch hemmten, teils weil die Verwaltung nicht genügte, wurden die erwarteten Einnahmen nicht erreicht.
Unter Joseph brachten die Kriege das chronische Defizit. In den ersten 3 Jahren betrug es kaum 1 Mill. fl.; 1784 aber über 4 Millionen, 1787—90 über 20 Millionen. Die später folgende Zerrüttung der Finanzen, die sich bis in die Regierungszeit des gegenwärtigen Kaisers erstreckt, so dass der Staat, wie Beer sagt (Oesterreichischer Haushalt, S. 376), nicht die kleinste Summe missen konnte, brauchen wir nur zu erwähnen. Sie machte das Fortbestehen einer hohen Tabakbesteuerung zu einer Notwendigkeit. Die jährlichen Durchschnittserträge waren:

in den 19 Jahren 1765—83   1,625,000 fl.
„ „ 20 „   1784—1803 3,888,000 „ ⎫ Krieg und
„ „ 15 „   1804—18   6,265,000 „ ⎭ Papierwährung
„ „ 10 „   1819—28   4,196,000 „
„ „ 11 „   1829—39   6,169,000 „

In der nächsten Zeit wirkten die Reformen der 30er Jahre bald auf die Einkünfte und verursachten bei dem wirtschaftlichen Fortschritt des Volkes und dem steigenden Tabakverbrauch einen gleichmässig anhaltenden Aufschwung, von dem nur wenige Jahre, besonders die Kriegsjahre 1848—54, 1859, 1866, auszunehmen sind. Dabei wurden die Verschleisspreise dreimal ein wenig erhöht.

Der jährliche Durchschnitt der Erträge war:

1840 . . . 8,780.000 fl.
1841—50 12,149,000 „
1851—60 23,935,000 „ ⎫ Oesterreich
1861—66 43,864,000 „ ⎭ mit Ungarn.
1867—70 31,474,000 „ ⎫
1870—80 36,310,000 „ ⎬ ohne Ungarn.
1880—90 49,724,000 „ ⎪
1891—93 53,840.000 „ ⎭
1891—93 29,115,000 „ für Ungarn allein.

In den letzten 35 Jahren (1858—93) wuchs die Bevölkerung um 12,9 %, die Tabakeinkünfte um 321,4 %. Die französischen Regieerträge steigen in derselben Zeit um 237,5 %.

Wie diese gewaltige Steigerung auf das Steuersystem wirken musste, kann man sich leichter ausmalen als beschreiben; um ein bestimmtes Beispiel zu nehmen, wurde der Verkaufstarif des anderen grossen Monopols, des Salzregals, mehr oder weniger unmittelbar durch die Tabakerträge beeinflusst. Einen teilweisen Vergleich der Einkünfte aus beiden Monopolen nach Millionen fl. versucht folgende Tabelle:

Jahr	Tabak	Salz	Jahr	Tabak	Salz
1718	0,066	2,5 (Grillmann)	1846	14,4	25,5 (v. Reden)
1779	1,9	8,9 (Beer)	1862	40,9	32,6 („)
1784	3,1	10,3 (Grillmann)	1871/77	50,7	13,7 (Beer)
1831	6,2	21,4 (v. Reden)	1892	81,9	18,4

Die bedeutenden Herabsetzungen der Salzpreise während der 40er und 60er Jahre wurden wahrscheinlich nur durch die steigenden Tabakerträge ermöglicht.

Dass diese Einkünfte weiter zu einem organischen Bestandteil des österreichischen Haushalts geworden sind, wird die folgende Statistik trotz ihrer Lücken veranschaulichen: Die zahlreichen Trank- und Verzehrungssteuern, mit denen die Besteuerung des Tabaks oft verglichen wird, obwohl sie Gegenstände von zweifelhaftem Steuerwert, wie Fleisch und Schlachtvieh, mit umfassen, stiegen von 1818—94 von 7.45 Mill. fl. auf 110,8 (Brutto) oder um 1487%. Die Tabaksteuer allein zeigt eine ähnliche Entwicklung von 4,13 Millionen netto (1818) auf 55,5 (1894) oder 1345%. Die Verzehrungssteuern allein (netto) stiegen von 1820—82 um 1424%¹); die Tabaksteuer der österreichischen Reichshälfte um 2133%. Die Einkünfte aus der Besteuerung von Branntwein, Bier, Wein, Fleisch und Schlachtvieh stiegen von 31,05 Millionen 1868 auf 39,76 Millionen 1882, d. h. um 8,75 Millionen oder 127%, die aus dem Tabakregal in dieser Zeit um 15,66 Millionen oder 154%.

Im Vergleich zu den indirekten Steuern zusammen sind die Tabakeinkünfte seit 100 Jahren von 9,6% auf 23% gestiegen. Sie bilden von den indirekten Steuern folgenden Prozentsatz (in Klammern steht der Reinertrag der indirekten Steuern in Millionen fl.):

1781—90   9,6% (31,1),
1816—20 10,5% (46,6),
1845—47 14,3% (95,4),
1862 23,4% (175,3),
1892 28,0% (233,9).

Verglichen mit den gesamten Staatseinkünften, scheinen die Tabakeinkünfte ihren Platz in letzter Zeit nicht zu ändern. Sie betrugen in Prozenten der Budgeteinnahmen:

1879—88 13,8%,
1889—93 13,1%.

Diese Statistik²) wird die wichtige Stellung des Tabakregals im österreichischen Staatshaushalt genügend kennzeichnen. Seine Erträge waren eine sichere Stütze für das konstitutionelle Oesterreich, das die schwere Aufgabe übernahm, die Sünden der Vergangenheit zu sühnen, und dessen Politik sich nach A. Beer vor allem auf eine Beschränkung der Ausgaben und eine Vermehrung der Einnahmen richtete (vgl. auch Czoernig, Das österreichische Budget, Bd. II, S. 474). Das erklärt die berechtigte Beliebtheit des Monopols in Oesterreich und das nachdrückliche Eintreten Lorenz v. Steins für eine völlige Ausnutzung der Tabaksteuerkraft.

---

¹) Nicht berücksichtigt sind die Rückzahlungen für inländische Produktion. Diese mit eingerechnet, stiegen die Verzehrungssteuern von 5,19 Millionen im Jahre 1820 auf 53,93 Millionen im Jahre 1882 (mit Rückzahlungen 73,93), oder nur um 1019%.

²) Da eine Finanzgeschichte Oesterreichs fehlt, sind die Zahlen aus verschiedenen Quellen genommen: 1868—92 aus dem „Oesterr. Haushalt in den Jahren 18—", bearbeitet vom Bureau der Zentr.-Komm.*; für die letzten Jahre aus Juraschcks geogr. u. stat. Tabellen; für die Zeit vor 1868, wenn nichts anders bemerkt ist, aus Plenker, Oesterr. Revue, 1863; für das Jahr 1862 aus Czoernig.

Die Reinerträge von 1784—1850:

1784	3,125,391	1807	6,767,640	1830	5,513,171
1785	2,920,822	08	5,972,924	31	6,222,218
86	3,373,827	09³)	1,429,024	32	6,720,000
87	3,545,968	1810	6,086,643	33	7,544,700
88	3,499,340	11	4,888,410	34	7,543,700
89	3,454,136	12⁴)	9,572,846	1835⁵)	4,254,000
1790	3,367,947	13	6,912,979	36	4,788,000
91	3,344,437	14	7,485,898	37	7,477,000
92	3,654,994	1815	7,201,621	38	6,334,600
93¹)	3,435,804	16	9,543,577	39	6,314,173
94	3,891,790	17	5,486,615	1840	8,779,524
1795	3,764,976	18	4,135,848	41	8,203,000
96²)	4,278,424	19	2,636,105	42⁶)	11,320,000
97	4,227,745	1820³)	2,113,835	43	11,337,000
98	4,205,933	21	3,923,943	44	12,160,000
99	4,528,908	22⁶)	3,875,032	1845	13,280,000
1800	4,215,601	23	4,546,226	46	14,470,000
01	4,207,001	24	4,362,000	47	13,373,000
02	4,927,746	1825	4,673,900	48¹⁰)	11,003,000
03	5,812,524	26	5,215,000	49¹⁰)	10,537,000
04	5,574,423	27	5,735,000	1850	15,800,000
1805	6,256,512	28⁷)	4,875,900		
06	5,156,922	29	5,145,120		

Die Reinerträge seit 1851: (Die Zu- u. Abnahme der Aktiva miteingerechnet.)
Die Prozente bezeichnen das Verhältnis zwischen Ueberschuss und Ausgaben.

1851—1867 Einheitliches Monopol für Oesterreich und Ungarn:

			Die besonderen Einkünfte von	
			Ungarn	den ital. Provinzen
1851	13,926,703	93,9 %	127,722 (Abgang)	3,449,031
52	17,210,977		3,386,057 (Ueberschuss)	3,325,361
53	21,382,625		5,106,861	4,097,893
54	22,129,915		3,559,963	4,955,958
1855	25,866,491	127 %	4,438,276	5,317,212
56	26,557,517		5,540,097	5,838,300
57	26,646,179			

¹) Anschluss der Bukowina.
²) Anschluss von W.-Galizien.
³) Krieg.
⁴) Die Erträge sind nominell höher wegen der Papiergeldwirtschaft.
⁵) 1. Mai. Anschluss von Dalmatien.
⁶) Abtretung von Ungarn.
⁷) 1. Juni. Anschluss Tirols.
⁸) Generalfabrikendirektion.
⁹) Anschluss der Lombardo-venetianischen Länder.
¹⁰) Revolutionsjahre.

Die besonderen Einkünfte von
Ungarn den ital. Provinzen

Jahr	Oesterreich		Ungarn		ital. Provinzen
1858	26,906,275				
59	24,031,299	Neue Währ. (5% Wertsteigerung des fl.) Verlust der Lombardei.			
1860	34,695,414	107,9%			
61	36,436,844		6,341,125		4,199,564
62	40,961,194		8,006,912		4,238,257
63	39,290,279		8,531,474		4,603,821
64	38,930,009		9,018,855		4,521,509
1865	33,420,714	140%	3,195,383		4,635,426
66	30,283,338	Verlust der italienischen Provinzen durch Krieg.			

Getrenntes Monopol

Jahr	Oesterreich		Ungarn	
1867	33,936,498		5,798,240	
68	29,238,507		22,113,567	
69	31,239,002		10,936,594	
1870	31,481,999	159%	12,007,614	114%
71	37,691,962		14,773,274	
72	34,293,292		15,241,530	
73	33,478,412		16,675,057	
74	33,381,674		14,288,305	
1875	35,339,175	148%	15,483,816	116%
76	36,856,656		13,933,885	
77	36,856,275		16,677,385	
78	37,680,555		16,233,673	
79	36,074,122		16,760,163	
1880	41,485,634	199%	17,479,182	124%
81	43,382,286		17,490,681	
82	44,895,018		19,649,826	
83	47,542,743		20,019,401	
84	45,594,325		20,121,567	
1885	48,375,952		21,617,729	
86	50,570,157		19,178,550	
87	51,676,149		23,689,543	
88	51,745,867		24,542,433	
89	56,797,705		24,170,389	
1890	56,057,101	168%	24,273,079	51%
91	52,054,575		28,493,916	
92	53,914,019		28,017,332	
93	55,549,765	197%	30,834,269	58%
94	59,815,021		—	

Seit 1867 zeigen die Ausgaben eine ständige Zunahme. 1868: 18,6 Millionen Gulden, 1870: 19,7, 1881: 23,5, 1894: 30,29. Die Reinerträge in Prozenten der Ausgaben schwanken indessen aus verschiedenen Gründen (neue Gebäude, Maschinen u. s. w.) von Jahr zu Jahr sehr (159—199%).

2. Abschnitt.
Die Regie in ihrer heutigen Entwicklung.
1. Teil.
Allgemeines.
1. Zweck und Umfang des Monopols.

Wenn man von einem volkswirtschaftlichen Monopol (z. B. einem Privilegium oder Erfinderpatent als Verwaltungsmassregel) und einem polizeilichen (z. B. dem ausschliesslichen Verkaufsrecht aus Sicherheitsgründen beim Schiesspulver) ein finanzielles Monopol unterscheidet, das nichts als eine Steuererhebungsform ist, so gehört das Tabakmonopol zu der letzten Art.

Das Monopol aber verdankt, wie wir sahen, seinen Ursprung und seine langsame Ausdehnung über das ganze Reich schwerlich dem Bekanntwerden seines finanziellen Nutzens. Erst die wechselnden Erfahrungen von $1^1/_4$ Jahrhunderten brachten schrittweise den bündigen Beweis, dass es für die Finanzen besonders wertvoll sei; und das Anwachsen der Tabakeinkünfte erwies sich als eng verbunden mit einer scharfen Aufsicht und einer sorgfältigen Verwaltung. Daraus ergibt sich der durchschlagende Grund für das Monopol, dessen Zweck und Aufgabe es ist, als finanzielles Hilfsmittel die grosse Steuerkraft des Tabaks dem Lande in möglichst bequemer Form zur Verfügung zu stellen[1]. Der Umfang des Monopols ist einerseits national in seiner Anwendung auf das ganze Reich. In dieser Hinsicht ist das österreichische das umfassendste aller Tabakmonopole; es erstreckt sich über 43 Millionen Menschen, das französische nur über 38, das italienische über 30 Millionen.

Auch nach der Zahl der beschäftigten Personen ist es das grösste. Die französische Regie beschäftigte 1893 18,975, die italienische 14,760, die österreichische (ohne Ungarn) 33,569 Personen[2]).

Anderseits ist es ein vollständiges Monopol, denn es erfasst alle Zweige der Tabakindustrie, den Tabakbau, die Fabrikation, den Verschleiss, den Tabakhandel. Es schliesst jedes Erzeugnis vom Vertrieb aus, das, wie die Stechäpfel, ähnlichen Zwecken wie der Tabak dient; es verbietet auch den Bau von Maschinen, die nur in der Tabakfabrikation gebraucht werden. Es ist also, gleich dem französischen und dem italienischen Monopol, in Wirklichkeit eine Verbindung verschiedener Monopole: eines Rohproduktions-, eines Fabrikations- und eines Verkaufsmonopols.

Die Monopolbehörden haben daher vielerlei Pflichten, geschäftliche, finanzielle, landwirtschaftliche und polizeiliche. An erster Stelle steht die Versorgung der Tabakverbraucher mit Tabak in gehöriger Quantität und Qualität. So sagt die Tabakmonopolordnung für Ungarn (1851): „Die Pflicht der Gefällsverwaltung wird es sein, den Forderungen der Verbraucher zu folgen und solche Tabakgattungen in den Verschleiss zu setzen, welche dem Geschmack und der

---

[1] Der finanzielle Charakter des Tabakmonopols ergibt sich schon aus seiner Stellung unter dem Finanzministerium. Ebenso ist es in Frankreich und Italien.

[2] Dies erklärt sich zum Teil aus der Art der Erzeugnisse. Frankreich z. B. erzeugt mehr Rauchtabak (Maschinenarbeit), Oesterreich dagegen mehr Zigarren (Handarbeit).

Gewohnheit der Bevölkerung entsprechen." Ferner liegt der Verwaltung ob, die Berücksichtigung der Qualität der Tabakfabrikate in Bezug auf den Steuerfuss (s. S. 19) und die Sorge für den Tabakbau nach den 1851 ausgesprochenen Grundsätzen. Während ferner in der österreichischen Reichshälfte der Privattabakhandel gänzlich verboten ist, nimmt die erwähnte Ordnung für Ungarn Rücksicht auf ihn; sie erklärt über den Exporthandel: „man bezweckt doch keineswegs diesen Handelszweig zu vernichten oder auch zu stören; im Gegenteile ist zu hoffen ... ihn vorzüglich in Absicht auf die Güte der Ware zu einer grösseren Bedeutung zu bringen." Endlich kommen die Kontrollmassregeln in Betracht.

Zwei Massregeln hat man für nötig befunden, um mit dem Geschmack der Bevölkerung bekannt zu bleiben: die Beschickung des Marktes mit neuen Sorten als Versuchen und die Beobachtung der privaten Einfuhr zum eigenen Gebrauche als eines Anzeichens von neuem Bedarf. Dass private Einfuhr erlaubt ist, widerspricht nicht dem Geiste des Monopols; dies gilt trotz des Hinweises Dr. Croizenachs auf die Ausschliesslichkeit der Regie (Französische Tabakregie, S. 44). Die Regie sucht auch dem gelegentlichen Bedarf durch ihre „Spezialitäten" entgegenzukommen, aber der noch unbefriedigte Privatbedarf kann aus dem Auslande gedeckt werden. Dies Privileg ist erforderlich, um eine unnötige Härte der Regie zu vermeiden und auch um, wie Lorenz v. Stein sagt, den Unterschleif zu verhindern.

Um den einzelnen getrennten Regieverwaltungen und auch den Zentralbehörden eine klare Uebersicht über die Einfuhr zu geben, wird eine doppelte Abgabe erhoben, erstens ein Zoll, eine nominelle Abgabe, die als Bestandteil des allgemeinen Zollsystems bestehen bleibt, und zweitens eine Lizenzgebühr, die als Einkommen der Regie die Hauptsache ist. Aus den Zollregulativen ist folgendes am wichtigsten: Die für 1 Jahr gültige Lizenz dient dem Inhaber, auf dessen Namen sie lautet, als Deckungsdokument für den legalen Bezug, — eine die regelmässige Einfuhr erleichternde Bestimmung. Die Menge des eingeführten Tabaks darf indessen die persönlichen Bedürfnisse des Einzelnen nicht übersteigen, daher ist die Einfuhr auf 10 kg beschränkt. Reisende dürfen 2,8 kg ohne Lizenz einführen; Tabak für den privaten Verbrauch bleibt bis zu 35 g (ebenso bis zu 10 Zigarren) zollfrei.

Zoll- und Lizenzgebühr betragen[1]):

Der Zoll	Die Lizenzgebühr
21 kr. für 1 kg Rohtabak,	11 fl. für 1 kg Zigarren oder Zigaretten,
52 kr. für 1 kg Fabrikate,	8,40 fl. für 1 kg andere Fabrikate,
	7 fl. für 1 kg Rohtabak.

Da in Italien und Frankreich die Monopolpreise höher sind, ist auch der Zoll dort etwas höher; er beträgt in Italien 30 Lire für 1 kg Zigarren oder Zigaretten, in Frankreich dafür 36 Fr.

---

[1]) F.M.Erlass 1878, Nr. 4231. R.G.Bl. Nr 17, 1892. Diese Gebühr ist etwa dieselbe wie 1836 (H. K. Präsid.-Dekret), wo ausländische Schnupf- und Rauchfabrikate 2,30 fl. das Pfund bezahlten.

2. Die Regieorganisation.

Die Grundsätze der Monopolorganisation sind in den Zoll- und Staatsmonopolordnungen von 1835 und 1867 niedergelegt.

Gemäss dem Verfassungsgesetz von 1867 bekamen die österreichischen und die ungarischen Länder für innere Zwecke getrennte Regierungen, auf der einen Seite die cisleithanischen Provinzen, die im Reichsrate vertretenen Königreiche und Länder, auf der anderen Seite die Länder der ungarischen Krone. Daher wurde auch die eine Tabakgefällverwaltung der Jahre 1851—67 geteilt, und Oesterreich wie Ungarn erhielten eine unabhängige Regie. Man kann noch von einer dritten österreichischen Regie reden, da die Provinzen Bosnien und Herzegowina, durch den Berliner Vertrag von 1878 Oesterreich unterstellt, eine besondere Tabakgefällverwaltung haben.

Die Organisation einer grossen Industrie ist zwar keine leichte Aufgabe, besonders wenn sie erschwert wird durch die wichtige Frage der öffentlichen Verwaltung, der Besteuerung, der Verständigung zwischen verschiedenen Provinzen u. ä. In diesem Falle hat man die Schwierigkeiten dadurch überwunden, dass man für Oesterreich und für Ungarn eine besondere technische Leitung (die Zentraldirektionen in Wien und Pest) errichtete, während die ganze einheitliche Verwaltung (Verteilung der Baulizenzen, Verwaltung des Verschleisses, Ausübung der amtlichen Kontrolle) dem Finanzministerium (sowie den Finanzlandes- und Finanzbezirksbehörden [1]) unterstellt blieb.

Diese Art verbündete Regieorganisation ist für Oesterreich eigentümlich und enthält vielleicht eine neue Idee für nationalen industriellen Betrieb, nämlich die einer Verwaltung durch Staatsbehörden auf Staatsrechnung, aber nach gleichen, bestimmten Vorschriften, die durch die Zentralbehörden festgesetzt sind. Auf diese Weise behält man viele Vorteile des freien Wettbewerbs ohne seine Nachteile.

Durch die gleichartigen Regulationen des Finanzministeriums wird jede schädliche Konkurrenz zwischen Ungarn, Oesterreich und Bosnien-Herzegowina vermieden, denn die Güte der Tabakfabrikate, ihre Eigentümlichkeiten und Preise sind überall gleich. Da aber Betrieb und Finanzen getrennt sind, bleibt den Regien ein weiter Raum für gesunden Wetteifer in der Höhe der finanziellen Erträge, der Lage der Fabriken, der Güte der Fabrikate, den gezahlten Löhnen u. ä. [2] [3].

---

[1] Eine selbständige Finanzbehörde analog der kaiserl. königl. Generaldirektion besteht nicht.

[2] Besonders Ungarn zeigt den Vorteil eines solchen Ansporns durch die Verbesserung in den Verhältnissen seiner Fabriken und durch die Versuche, den ziemlich starken Schmuggel auf seinem Gebiet zu beschränken. Vgl. auch Prof. Mandellos Aufsatz Hongrie in der Revue internationale de sociologie, Bd. II, S. 214.

[3] Ein mehr formeller Unterschied zwischen der französischen und österreichischen Regie liegt darin, dass die französische früher alle 5, jetzt alle 10 Jahre von neuem bewilligt werden muss. In Oesterreich trägt das Monopol den Charakter einer dauernden Einrichtung.

3. Die Regieverwaltung.

Da die beiden Regien gleichförmig verwaltet werden, so beschränken wir uns hier auf die österreichische Reichshälfte.

Die verantwortliche Behörde für den technischen Betrieb, die Generaldirektion der Tabakregie unter dem Vorsitz eines Generaldirektors besteht (1894) aus 82 Beamten [1]). Die Anstellung und Pensionierung der höheren Beamten (Direktoren, Inspektoren) geschieht durch den Kaiser, die der anderen durch die Direktion.

Die Regiebeamten erhalten ihre technische Erziehung anders als in Frankreich. In Oesterreich werden sie ganz in der Praxis ausgebildet, wenn auch ein gewisses Mass der Ausbildung bei der Anstellung gefordert wird. In Frankreich sind die höheren Stellen denen vorbehalten, die die bekannte Pariser polytechnische Schule durchgemacht haben.

Die Vorschriften in Oesterreich fordern jetzt, dass „nur solche Individuen als Aufseher bestellt werden, welche in jeder Beziehung den vorgeschriebenen Anforderungen entsprechen und insbesondere auch jene Vorbildung aufweisen, welche für Werkführer vorgeschrieben ist". Nach der praktischen Brauchbarkeit gibt es unter ihnen drei Stufen, Kandidaten und provisorische Aufseher, definitive Aufseher und Werkführer. „Als Aufsichtsorgane müssen sie nicht nur für Disziplin, Ruhe und Ordnung sorgen, sondern auch als administrative und technische Hilfsorgane, insbesondere bei der Durchführung fabrikationstechnischer Reformen mit Verständnis und Erfolg mitzuwirken vermögen."

Um den Beamten in die Verhältnisse des Tabakbaues einen Einblick zu gewähren, sind, besonders seit 1891 (Erlass vom 28. Dezember), kleine Studienplantagen bei jeder Fabrik angelegt. Diese Plantagen dienen zugleich für Versuche über den Anbau neuer Tabaksorten u. ä. Von dem Geist der Regie und der Förderung allgemeiner Kenntnis zeugt die Veröffentlichung eines kleinen für den Gebrauch der Beamten bestimmten „Beilageblattes der kaiserl. königl. Generaldirektion der Tabakregie", zu 5 kr. das Exemplar [2]).

Ob das französische System Vorzüge vor der österreichischen Regie hat, ist bei der Güte der österreichischen Fabrikate und den ziemlich hohen finanziellen Erträgen eine offene Frage. Der französische Fabrikdirektor zu Aisne (Enq. parl. S. 677) sagt wohl darüber: „La fabrication du tabac consiste en une préparation", qui n'a nul besoin de s'entourer de mystères scientifiques. Un bon contre-maitre s'entendra mieux à cette préparation qu'un savant, et si parfois la science peut être consultée avec avantage, elle ne devrait en aucun cas être appelée à diriger.

Die Stellungen und Pflichten der Beamten sind sozusagen nach einer

---

[1]) Die Tabakbeamten sind Regierungsbeamte (Verordnung vom 26. März 1765).
[2]) Aus politischen und anderen Gründen pflegt man anzunehmen, dass die Auslagen für Beamtengehalt übermässigen Umfang annehmen müssen. Frankreich wie Oesterreich gewähren in diesem Punkt ein günstiges Bild. Der Aufwand für Beamtengehalt betrug auf die Fabrikationsmenge verteilt

	in Frankreich		in Oesterreich
1855	96½ Cts. den Zentner,	1872	67 kr. den Zentner.
1870	60½ „ „ „	1893/94	64 „ „ „

hierarchischen Ordnung verteilt, wobei Arbeitskreis und Verantwortlichkeit sehr genau festgestellt sind; darin liegt ein Kennzeichen der ganzen Regieorganisation. So sind die Fabriken nach ihrer Bedeutung in Klassen geteilt, die unter entsprechenden Beamten stehen. Die Tabelle gibt die Fabrikklasse, ihre Beamten und deren Gehalt:

Tabak-hauptfabriken 1. Ordnung	Tabak-hauptfabriken 2. Ordnung	Tabak-fabriken	Havanna-Zigarren-Magazin	Einlösungsämter	
				das grosse in Imoski	die übrigen
Oberinspektor 3800 fl. Sekretär 1400—1800	Inspektor 2700 Sekretär 1400—1800	Direktor 1400—1600 Kontrolleur 1100—1300	Direktor 1400—1600 Kontrolleur 1100—1300	Direktor 1400—1600	Verwalter 1100—1200

Der Oberinspektor der Hainburger Fabrik bezieht einen höheren Gehalt und wird dazu durch zwei Sekretäre unterstützt. Von allen Beamten erhält der Generaldirektor[1]) den höchsten Gehalt von 8000 fl.; der Oberinspektor kommt mit 5500 gleich nach ihm. Der durchschnittliche Gehalt für Beamte[2]) der Zentraldirektion beträgt 1164 fl. jährlich mit einer Aktivitätszulage von 475 fl.[2]).

Jede Abteilung hat so ihre verantwortlichen Leiter[3]) (bei den Fabriken sind es die beiden Oberbeamten, die mit der Zentraldirektion den wirklichen Verwaltungskörper bilden).

Die Verwaltung bedient sich der schon erwähnten „Vorschriften" und „Belehrungen", die genaue Beobachtung fordern. So gibt es Vorschriften über Evidenzhaltung der Schuldurkunden, über Kautionen u. ä., Belehrungen über Eisenbahnversendungen, über Buchhaltung in den Fabriken u. s. w. So weit es geht, werden Formulare angewandt (z. B. für Tabakbestellungen, Einlösung, Kassenskontierung). Das ganze System strebt nach Einheitlichkeit und Einfachheit und hat dadurch, wie man zugeben muss, einen höchst regelmässigen Betrieb erreicht.

2. Teil.
Die Tabakkultur unter dem Monopol.
1. Allgemeine Bemerkungen.

In einigen Ländern, wo der Boden sich für den Tabakbau nicht eignet, wird aus Verwaltungsrücksichten jeder Tabakbau ausdrücklich verboten. So ist es besonders in England, wo indessen das Verbot kaum Grund für Beschwerden geben kann[4]), und ebenso auch in Portugal und Spanien. In anderen

---

[1]) Dr. Karl Kampf, Adler v. Hartenkampf (seit 1891).
[2]) Siehe Note 2 auf S. 226.
[3]) Vgl. den Entwicklungsgang des neuen Generaldirektors: zuerst jüngerer Beamter, später Sekretär bei der Generaldirektion und nachher Sekretär beim Finanzministerium.
[4]) Es klingt wenigstens sehr unangebracht, wenn kleinere Schriften über die Tabakbesteuerung von dem „brutalen Verbot des Tabakbaues in England" reden.

Ländern, wo sich einzelne Gegenden besonders zum Bau guten Tabaks eignen, hat man aus demselben Grunde den Tabakbau in diesen Gegenden vereinigt. Dies geschieht in den grossen Tabakmonopolländern, Italien, Frankreich, Oesterreich-Ungarn, wo in den genannten Gebieten der Anbau freilich nicht frei ist, sondern streng einer behördlichen Genehmigung unterliegt.

In Oesterreich ist der Anbau von Rauch- und Schnupftabak zur Zeit in vier Provinzen gestattet: in Ostgalizien, in den angrenzenden Bezirken der Bukowina, in Mittel- und Süddalmatien und für den eigentümlichen Tiroler Schnupftabak auch in Südtirol.

In Ungarn findet sich der Anbau am linken Theissufer, im Theiss-Maros-Becken, in Siebenbürgen, auf der Murinsel in Kroatien und auch auf einigen weiten Strecken Ungarns selbst. So ist das bebaute Gebiet in Ungarn sehr gross. Es umfasste 1885 z. B. 52.416 ha, während die gesamte mit Tabak bebaute Fläche in Oesterreich, Frankreich, Deutschland, Italien, Serbien und Rumänien etwa 48,000 ha oder 8 % weniger betrug, nämlich in

Oesterreich	. . . .	1,500 ha.
Frankreich	. . . .	14,100 „
Deutschland	. . .	21,000 „
Italien	. . . . .	4,500 „
Serbien	. . . .	1,800 „
Rumänien	. . .	5,300 „
		48,200 ha.

Die Lizenzen werden jährlich entweder von der Zentraldirektion, oder wie gewöhnlich, am Ort von den Gemeindevorständen, nach mündlichem oder schriftlichem Antrag, ohne Gebühr gewährt. In Ungarn beziehen sich die Lizenzen auf eine bestimmte Anbaufläche, in Südtirol und Dalmatien aber, dem Gebiet des Schnupftabaks, auch auf die Zahl der zu setzenden Pflanzen. Nur zur Deckung der Ueberwachungskosten wird, wie auch in Frankreich, eine kleine Abgabe erhoben, die für nicht Regie-(Export)Pflanzer etwas höher ist.

Die amtlichen Vorschriften sind zwar umfassend, aber deshalb nicht unbeliebt, denn sie sind erstens ausführlich, was jeder sorgsame Pflanzer als nötig erkennen wird, und zum andern ist das Volk mit ihnen aufgewachsen. In ihrer doppelten Natur, als administrative (für die Finanzwache) und als technische (für die Einlösungsorgane) beziehen sie sich auf alles, was mit dem Tabakbau zusammenhängt (Nachschau und Durchsuchungen auf dem Felde, und namentlich während der Aufbewahrung und des Transports u. s w.).

Eine Reihe kleinerer Vorschriften soll die Aufsicht erleichtern; so ist zur bequemeren Messung eine regelmässige Form der Anbaufläche und in Tirol sowie Dalmatien eine regelmässige Reihenordnung der Pflanzen vorgeschrieben. Andere sollen den Unterschleif verhüten; die bedeutendsten gelten einer besseren Behandlung der Blätter, so die Belehrungen über die Auslegung, die Kultur, die Einbringung der Ernte, die Behandlung der Blätter nach der Ernte, ihre Zahl an einer Schnur, die Art des Zusammenbindens u. ä., ferner die Warnungen vor Nässung der Blätter u. ä. Zu den beiden letzten Arten von Vorschriften gehört eine, die fälschlich als besonders hart angeführt wird, dass alle Stengel und aller Nachwuchs ausgerissen und als unbrauchbares Material zerstört werden müssen.

2. Der Tabakbau in Tirol und Dalmatien.

Die Nachfrage nach den besonderen Tiroler Schnupftabaksorten (Strazze, Nostran, Pacchi, Pattari, Justi) ist nicht gross und nimmt nicht zu. Heute kann der Bedarf mit einer jährlichen Ernte von etwa 35,000 Meterzentnern grünem oder 6000 mazeriertem Tabak gedeckt werden, so dass der Tabakbau in Tirol auf einen kleinen Bezirk des Roveredoer Kreises, Flschthal, wo dieser Tabak besonders gedeiht, beschränkt werden kann.

Um dann eine besondere Behandlung (Mazeration) des Tabaks zu gestatten, werden die Blätter unmittelbar an Ort und Stelle, grün wie sie von der Pflanze gebrochen sind, zur Einlösung gebracht. Die in der Mitte der Pflanzergemeinde liegende Tabakfabrik zu Sacco besorgt dann selbst oder durch gedungene Privatmazeratoren das Weitere.

Die Monopolbeschränkungen zeigten sich in Tirol zuerst in dem einige Jahre nach der Einführung der Regie erlassenen Verbot des Anbaues zum eigenen Gebrauch. Nach Keess (a. a. O. 1824) soll dieses Verbot von geringer Bedeutung gewesen sein, weil das Hauskraut von schlechter Beschaffenheit und wenig verbreitet war. Nichtsdestoweniger wird heute eine beträchtlich geringere Menge Tabak in Tirol gebaut, als vor 60 Jahren. Keess berichtet in der Österreichischen „Nationalencyklopädie", Bd. 5 (1836), dass damals in Südtirol 52,000 Ztr. erzeugt wurden, wovon 42,000 aus dem Roveredoer Kreis kamen. Die heutige Erzeugung erreicht dort nur 35,000 Ztr. Dabei aber muss die Erzeugung von Dalmatien berücksichtigt werden, weil sich der Anbau in den letzten Jahren zum Teil dorthin verzogen hat. 1893 betrugen die Ernten von Tirol und Dalmatien zusammen 40,169 Ztr. oder 77% der vorher genannten Ernte.

Wie aber die folgenden Tabellen zeigen, hat sich der Tiroler Anbau seit 1851 wenig geändert.

Anbau in Südtirol und Dalmatien.

In Südtirol:

Jahr	Anbaufläche in Hektar	Zahl der Pflanzer	Ernte in Meterzentner		Auf einen Pflanzer kommen Ar
			Grün	Trocken	
1851	477	1465	28,651	—	32.5
1855	339	1342	17,861	—	25.2
1860	328	1952	21,352	—	16.2
1861—65	299	1847	27,744	—	—
1866—70	465	2103	33,132	—	—
1875	350	2850	35,920	—	12,28
80	502	311?	39,231	6227	16,14
85	353	2703	38,207	4878	13,05
90	300	1977	24,656	4266	15.17
91	300	2055	29,153	4648	14,60
92	310	2300	32,961	5395	14,78
93	392	2525	33,534	5959	15,52
94	390	2611	—	5774	14,00

In Dalmatien:

Jahr	Anbaufläche in Hektar	Zahl der Pflanzer	Ernte in Meterzentner Grün	Ernte in Meterzentner Trocken	Auf einen Pflanzer kommen Ar
1885	9,09	142	—	61,50	6,40
1890	171,64	2,954	—	2215,00	5,81
91	210,80	4,236	—	—	5,04
92	252,00	4,989	—	3600,00	5,65
93	395,61	7,537	—	6635,00	5,30
94	633,00	12,476	—	7015,29	5,07

3. Der Tabakbau in der Bukowina und Galizien.

Der Bau in der Bukowina stammt etwa vom Jahre 1860, als die Nachfrage nach dem eigentümlichen galizischen Schnupftabak, „dessen Aroma sich weder durch künstliche Mittel noch durch andere Tabakblätter ersetzen lässt", die Regie zu dem Versuche antrieb, solchen Tabak längs des Pruth anzupflanzen. Der Anbau ist aber nur geringfügig, und der wenige Tabak wird in Galizien eingelöst.

In Galizien aber, wo sich der Anbau im Osten des Landes konzentriert, ist ein reichlicher Anbau vorhanden, — etwa das Fünffache der Tiroleranpflanzung.

Zwei Hauptsorten von Tabakblättern werden hier erzeugt: die sog. Originalgalizischen (Zabruther) für die wohlbekannten galizischen Schnupftabake, und eine Sorte aus ungarischem Samen, den die Regie jedes Jahr unentgeltlich verteilt, ein Verfahren, das auch in Frankreich geübt wird. Der ungarischgalizische Tabak soll sich mit dem wirklichen ungarischen wohl vergleichen lassen.

Verschiedene Studienplantagen dienen in Galizien der Eingewöhnung besserer und ergiebigerer ausländischer Tabaksorten, besonders holländischer und amerikanischer (Virginier). Die Ergebnisse sind indes, wie bei den ähnlichen Versuchen in Frankreich [1]), sehr gering, so dass man annehmen muss, dass wenigstens für Zigarrentabak Boden und Klima dieser Gegenden sich nicht eignen. Man darf daher mit der Abnahme in dem Gebrauch der Pfeife einen weiteren Rückgang des Tabakbaues erwarten. Und diesen Rückgang kann die österreichische Regie auch kaum dadurch aufhalten, dass sie ihre Einkäufe in Ungarn zu Gunsten von Galizien beschränkt. Aehnliches lässt sich von dem Schnupftabak berichten, worüber der Generaldirektor in den Mitteilungen des Finanzministeriums (1. Heft 1895) schreibt: „Im Interesse des Tabakmonopolertrages bleibt nur zu wünschen, dass sich die anscheinend unvermeidliche Abnahme des Schnupftabakkonsums auch weiterhin nicht allzurasch vollziehe."

Die folgende Tabelle zeigt die Abnahme des Anbaues in den letzten

---

[1]) So wurde 1873 ein um 50% höherer Preis festgesetzt für Tabak, der aus von der Regie besorgten Habannasamen gezogen wurde, doch wurde dadurch kein Anbau von beträchtlichem Umfange hervorgerufen. (Enquête parl.)

50 Jahren, sowie in dem durchschnittlichen Bau des Pflanzers die Zunahme der Kleinbetriebe, deren Vermehrung die Regie zum Teil durch ihren Grundsatz förderte, keinem alten Pflanzer die Lizenz zu verweigern.

Der Anbau in Galizien:

Jahr	Bebaute Fläche in Hektar	Zahl der Pflanzer	Ernte in Meterzentner	Auf einen Pflanzer entfallen Ar
1821[1]	—	12,107	13,017	—
1851—55	3207	32,804	61,084	9,1
1861—65	3616	35,935	87,747	10,2
1867—71	3375	35,208	83,248	9,3
1875	2962	37,627	25,364	7,6
1880	2935	30,767	53,467	9,5
1885	1144	18,172	24,877	6,3
1890—93	1988	29,337	35,502	7,2

Anbau in Galizien und der Bukowina zusammen:

1890—93	—	20,827	36,002	—
1894	2391	28,551	42,595	8,02

4. Tabakbau in Ungarn.

1. Allgemeine Zustände.

In Ungarn beschäftigen sich kleine wie grosse Grundbesitzer mit dem Tabakbau — vielfach unter eigentümlichen Verhältnissen, die bei Plenker[2]) beschrieben werden:

„Beim Bau der Garten- und Debrecziner Blätter, hier sowie in Siebenbürgen und Kroatien, werden fast ausschliesslich und in den übrigen Baudistrikten Ungarns zu nahe zwei Dritteln kleine Grundbesitzer beschäftigt. In seltenen Fällen vereinigen sich auch ganze Gemeinden oder grössere Teile derselben zur Pachtung grösserer herrschaftlicher Grundkomplexe für den Tabakbau. Derlei grössere Gesellschaften traten vor Einführung des Monopols in Ungarn gewöhnlich mit Tabakhändlern in Vertragsverhältnisse, ihre Tabakernte um festgesetzte Preise an sie abzuliefern. Die Händler dagegen übernahmen die Verbindlichkeit, die Pflanzer mit Geldvorschüssen zu unterstützen, und nach Umständen auch gegenüber den Grundherren gewisse Haftungen. Seit der Einführung des Monopols nahmen derlei Pflanzungsgesellschaften die Unterstützung der Staatsverwaltung mit Geldvorschüssen zur Bestreitung der Pachtauslagen, Errichtung von Trockenhäusern und überhaupt zur Instruierung des Tabakbaues in Anspruch, und verpflichteten sich dafür auf mehrere Jahre zum Tabakbau und zur Ablieferung ihrer gesamten Tabakernte an die ärarischen Einlösungsämter unter Beobachtung der Monopols- und anderer behufs der Förderung der Tabakkultur stipulierten Vorschriften.

---
[1]) Nach v. Hauer, Beiträge zur Geschichte Oesterreichs, S. 70.
[2]) Plenker, 1857, a. a. O. S. 63; wiederholt bei v. Wagner, 1884, a. a. O. S. 80 ff.

Der grosse Gutsbesitzer und die Pächter grösserer Grundkomplexe beteiligen sich hingegen an dem Tabakbau nur mittelbar: a) durch Verpachtung von Grundstücken an Besitzer von Urbarialgrundstücken oder sog. Häusler gegen Entrichtung von Geld oder Naturalpachtzinse; b) durch Ansiedelung von Tabakpflanzern hauptsächlich im Banate und in einigen Komitaten (dem Arader, Békéser, Czongrader). Hier wurden auf ausgedehnteren Prädien grössere Grundkomplexe ausgeschieden und darauf Tabakpflanzerfamilien auf eine bestimmte Anzahl Jahre (15—30) angesiedelt. Jede Familie erhielt ein gewisses Flächenmass für Hausplätze, an Ackergründen, Wiesen und Weiden. Die Ansiedler verpflichteten sich vertragsmässig, die erforderlichen Wohn- und Wirtschaftsgebäude herzustellen, von den zugewiesenen Gründen eine bestimmte Anzahl Joche (im Banat 2—4 à 1600 ☐klafter, in Ungarn 3—6 à 1200 ☐klafter) mit Tabak zu bepflanzen und von der Ernte mindestens die Hälfte als Grundzins zu entrichten wie auch für die übrigen Grundstücke Geld- oder Naturalzinse und die Lasten der zu einer Gemeinde vereinigten Ansiedlerpachtgesellschaft mit zu tragen[1]). Die nachlässige Tabakkultur besonders der kleinen Pächterfamilien führte zu einer Verringerung des Durchschnittsanbaues und zur Umwandlung der Naturalzinse in Geldzinse. Zwischen den Jahren 1857 und 1867 verhinderte der Verkauf verschiedener Staatsdomänen die weitere Ausdehnung solcher Kolonien, und die ganze Kolonisation wurde allmählich aufgegeben; c) durch gedungene Pflanzer (Halbgürtler) — Tabakpflanzer eigentümlicher Art. Sie haben keinen Besitz, keine eigentliche Heimat, keine bleibenden Wohnstätten. Sie ernähren sich ausschliesslich vom Tabakbau, und diese Beschäftigung geht in ihren Familien von Generation auf Generation über. Sie bilden gewissermassen eine wandernde Bevölkerung. Sie verdingen sich meist nur von Jahr zu Jahr mit ihren Familien, erhalten vom Grundbesitzer je nach der Zahl der Familienglieder 1¾—2½, selbst auch 3 ha Ackergrund zum Tabakbau, deren Ackerung und Düngung der Grundherr besorgt, dann einige Hektar zum Gemüse- und Fruchtbau und zur Weide für ihr Vieh, das sich auf 1 paar Pferde und 1 paar Schweine, im günstigen Falle auch noch auf 1 Kuh beschränkt. Die Abgabe für den Tabakbau ist die Hälfte der Ernte, für die anderen Grundstücke nach Bestimmung. Bis zur Ernte und Tabakeinlösung fristen diese Pflanzer ihr Leben von Vorschüssen in Naturalien und Geld von dem Gutsbesitzer. Ihre Wohnung besteht aus einer nächst der Pflanzung aufgestellten Hütte, die mit einem Rohrdache gegen Sonne und Regen nur notdürftig Schutz zu gewähren im stande ist."

Vor der Einführung des Monopols mit seiner schärferen Aufsicht lieferte dieses eigentümliche Anbauverfahren wenig günstige Ergebnisse. Die im Verhältnis zu den Arbeitskräften der Pflanzerfamilien zu grossen Anbauflächen bedingten unvollständige und verspätete Kulturarbeiten. Die Naturalabgaben wurden oft sehr lästig. Häufig fehlten warme Samenbeete, so dass die Pflanzen zu spät ausgesetzt wurden; auch mangelten Trockenschuppen, wodurch ein grosser Teil der bereits an der Schnur befindlichen Blätter dem Verderben

---

[1]) In den eigentlichen ungarischen Tabakbezirken waren diese Pachtgemeinden sehr zahlreich. Vor dem Jahre 1848 sollen sie fast 30,000 Seelen, beinahe ausschliesslich Ungarn, gezählt haben. Manche wurden in den Feldzügen von 1848—50 zersprengt und nicht wieder eingerichtet.

verfiel. Dieselben Verhältnisse gestatteten eine nachlässige Einsammlung des Nachwuchses und der Sandblätter u. ä., was vielfach auf den „Vorurteilen, Gewohnheiten und der Indolenz der Bauern" beruhte. So stand der Tabakbau in Ungarn auf einer sehr niedrigen Stufe. Der durchschnittliche Ertrag von 1 ha Land war nach Plenker kaum halb so gross, wie zur selben Zeit in Deutschland. Da begannen die Regiebeamten ihre Arbeit; die Thätigkeit, die sie durch Musterpflanzungen [1]), durch Errichtung von Trockenanstalten, durch Verbreitung von Flugschriften (Belehrungen) über Tabakbau und durch ihren persönlichen Einfluss ausübten, konnte nicht erfolglos bleiben [2]); in der That erst unter dem Monopol dehnte sich, wie bemerkt, der Tabakbau in Ungarn bedeutend aus.

Die Regiebehörden machten nicht nur den einzelnen Pflanzern Vorschüsse bis zu einem Viertel der Ernte (wobei 8 Ztr. auf das Joch gerechnet wurden), sondern förderten auch die Pflanzungsgesellschaften durch Vorschüsse von 15—20 fl. pro Joch und Jahr, wenn diese sich verpflichteten, Tabakpflanzungen anzulegen, sie mit den nötigen Trockenhäusern und warmen Samenbeeten zu versehen und die Anbauvorschriften sorgsam zu beachten. Um ferner einen gleichmässigen guten Tabak zu erhalten, lieferte die Regie zugleich mit der Baulizenz unentgeltlich die erforderlichen Tabaksamen der in der Lizenz angegebenen Sorte, ein Verfahren, das noch beobachtet wird.

Die feindliche Stimmung der Bevölkerung in den ersten Jahren der Regie spiegelt sich in dem Umfang der Anbaufläche; die 45—50,000 Joch vor 1850 sanken 1851 auf 26,698. Das Nachlassen dieses Widerwillens und das Sinken der Preise nach dem Krimkrieg (Plenker) führten zu einem völligen Umschlage. Der Anbau umfasste 1857 67,457 Joch und im folgenden Jahr 98,115. Da die Ernte besonders gut war, stieg die Einlösung auf 1,379,941 Ztr. oder, wenn man die anderen Teile Oesterreichs mitrechnet, auf 1,711,194 Ztr., während sie vor 1850 höchstens 500,000 Ztr. betrug. Da der Tabakverbrauch durch die Preissteigerung von 1858 (Krükl) etwas zurückgegangen war, konnte die Regie selbst von jener grossen Masse nur 33—40% verbrauchen, und weil sie sich nicht auf ihre Verkäufe im Ausland verlassen wollte, kam sie zu einer Einschränkungspolitik, nach der durch die Lizenzen die Anbaufläche um ⅓ eingeschränkt wurde (auf 68,000 Joch). Auf die bitteren Klagen der Pflanzer gab man 20 fl. das Joch Entschädigung für schon gemachte Auslagen (insgesamt etwa 1 Mill. fl.) und setzte dann einen Ausschuss ein, um die allgemeine Lage des Tabakbaues zu untersuchen. Daraus ergab sich die kaiserl. Verordnung vom 27. März 1860 mit einer neuen Regelung des ungarischen Tabakbaues. Der Tabakbau zum Export wurde jetzt erlaubt, doch durfte

---

[1]) Die Musterpflanzungen dienten dazu, wenigstens eine Idealerzeugung vorzuführen. Der Rohertrag vom Joch war

	bei den Pflanzern			bei den Musterpflanzungen	
1853	12,59 Ztr.	= 110,4 fl.		25,13 Ztr.	= 105 fl.
1854	12,62 „	= 107,5 fl.		29,30 „	= 261 fl.
1855	11,21 „	= 99,7 fl.		53,09 „	= 496 fl.

[2]) Die Einlösungsbeamten sind angewiesen, bei ihren Pflanzungsbereisungen, wenn nötig, die Pflanzer zu belehren. Um dies erfolgreicher thun zu können, wurden mehrere Beamten auf Studienreisen nach Holland geschickt.

kein Pflanzer zugleich für die Regie und den Export bauen[1]. 4 Jahre später (2. Februar 1864) brachte eine volkstümliche Reform 5jährige Lizenzen für den Exportbau[2]).

Diese und andere Massregeln, die das Recht des Privatbaues gelten liessen, waren während der Unruhen in Italien und der entsprechenden Steuererhöhung wohl am Platze. Als später ein strengeres System nötig erschien, und ein Widerwille der Bevölkerung nicht so sehr zu befürchten war, wurden wieder Baubeschränkungen eingeführt, doch auf anderem Wege. Man verbot Tabak für den eigenen Bedarf zu bauen und entzog den Pflanzern das Recht, einen Teil der Ernte zum eigenen Gebrauch zu behalten, bis man bei dem heutigen Zustande anlangte, wo sich Regiebau und Exportbau streng ausschliessen und keine Ausnahmerechte der Pflanzer bestehen.

2. Die Wirkungen des Monopols.

Eine interessante Frage ist es, ob das Monopol heute den Tabakbau begünstigt oder nicht.

Um sie beantworten zu können, muss man verschiedenes in Betracht ziehen: den Unterschleif unter dem Monopol; den Einfluss des Monopols auf Gross- und Kleinkultur; die Einlösungspreise; den thatsächlichen Anbau unter dem Monopol.

1. Der Unterschleif. Die Anbaufläche einschränken, heisst den Schmuggel vermindern, denn zu ihm bietet sich um so mehr Gelegenheit, je verbreiteter und zersplitterter der Anbau ist. Heute ist aller Unterschleif in Ungarn hauptsächlich darin begründet, dass der Bau sehr ausgedehnt ist.

Mehr aus politischen Gründen gestattete man 1851 den Privatbau, der zerstreutem Anbau gleichkommt. Die grossen Betrügereien, die sich daraus ergaben, führten 1853 (R.-G.-Bl. 24, 12) zur Erhöhung der kleinen Abgaben von 2 kr für den ☐klftr. auf 4 kr. und 1856 (8. September) auf 12 kr., bis endlich am 1. Juni 1888 alle Privatpflanzungen verboten wurden, weil auch die erhöhte Abgabe den Bau nicht merklich einschränken konnte. Zur selben Zeit wurde aus den gleichen Gründen infolge der Untersuchung von 1888 den übrigen Pflanzern das Recht genommen, gegen eine Abgabe von 60 kr. für das Kilogramm 10 kg für jedes männliche Glied der Familie über 16 Jahre zu behalten. Gerade dieses Vorrecht war am meisten missbraucht worden; jede kleine Menge Tabak, die bei einem Pflanzer gefunden wurde, stammte von jenen 10 kg.

Die Bedeutung dieser Massregeln spiegelt sich in der Anbaustatistik nicht ganz wieder, weil der Umfang des Unterschleifes unbekannt ist.

---

[1]) Bis dahin war das Verbot der Ausfuhr nicht drückend gewesen. Die Regie brauchte 1850 321,000 Ztr. Tabak, während die Erzeugung in Oesterreich-Ungarn nur 300,000 Ztr. betrug. (Mon. Ordg. 1851.)

[2]) Damals gab der amerikanische Bürgerkrieg eine gute Gelegenheit zur Tabakausfuhr aus Ungarn; sie betrug 1861: 11,000 Ztr., 1862: 30,000 Ztr., 1864: 200,000 Ztr.

Privatbau in Ungarn:

Anzahl der Alfa	Jahr	Joche	Pflanzer
2 kr.	1851	901	82,202
	1853	1715	198,500
4 „	1855	515	48,900
12 „	1876—80	177½	15,736
	1880—85	295½	30,342
	1888	Verbot	

Die von den Pflanzern zurückbehaltene Menge betrug durchschnittlich jährlich:

1876—80 72,293 kg
1880—85 66,077 „
1888 Verbot.

Ueber den Umfang des Schmuggels kann man nur Vermutungen aufstellen. Der Verbrauch an Rauchtabak für den Kopf der Bevölkerung stellt sich um 10% niedriger als in Oesterreich, wo nach verschiedenen Aussagen weniger gebraucht wird als in Ungarn. Nach amtlicher Meinung ist der Schmuggel geringer als früher.

Dieser knappe Ueberblick zeigt, wie nötig eine genaue Aufsicht ist, und führt damit wieder auf die Frage der besten Gruppierung der Tabakpflanzungen. Wenn die deutsche Tabakenquête von 1878 die Meinung ausspricht, unter einem künftigen deutschen Monopol könnten Einschränkungen des Tabakbaues, die in Ungarn (und in Frankreich) bestehen, erleichtert werden, so ist sie kaum richtig[1]).

Ein gewisses Mass von Unterschleif ist beim Monopol wie bei jedem Steuersystem unvermeidlich; aber wenn auch der Antrieb dazu in ziemlichem Umfang von der Höhe der Regiepreise und der Beliebtheit des Monopols abhängt, so könnte doch der Schmuggel nur unter einer schwächlichen Verwaltung solche Ausdehnung gewinnen, dass er das Monopol selbst als unrätlich erscheinen liesse.

2. Grosskultur und Kleinkultur. Die Tabakkultur eignet sich sehr gut für den Kleinbetrieb. Eine Menge von Einzelheiten fordert Handarbeit, die besonders für die Kräfte eines kleinen Haushalts passt: das Aussetzen und Versetzen der Pflanzen, das Ausjäten, das Behacken, Köpfen und Geizen, das Einbringen der Ernte, das Aufhängen der Blätter, das Trocknen und Sortieren u. a. Die Eigenart des Monopols wirkt dem entgegen, denn erstens sind,

---

[1]) Die Anordnung der Pflanzungen bewegt sich in dreierlei Richtung: weg von den Städten, weg von der Landesgrenze und möglichst in einzelne Distrikte zusammen. Das Departement der Bouches-du-Rhône bei Marseille beweist, wie wichtig das erste ist. Die Enquête parl. (1876) sagt darüber: „Presque tous les planteurs cultivent le tabac en vue de la fraude." Man empfahl daher, dort den Anbau zu unterdrücken. Freilich muss man bedenken, dass die Preise in Frankreich viel höher sind als in Oesterreich-Ungarn. Dort wurde 0,72% des inländischen Tabaks 1885 als geschmuggelt beschlagnahmt (167,517 kg), in Ungarn nur 0,13% (69,886 kg), obgleich Ungarn die vierfache Anbaufläche hat.

wie die Erfahrung Frankreichs zeigt, die Aufsichtsmassregeln beim grossen Besitzer viel wirksamer, da er auch für jeden Fehler seiner Arbeiter haften muss; und zweitens ist die Versuchung zum Schmuggel unter den kleinen und armen Pflanzern besonders gross.

Ein Vergleich zwischen Frankreich und Deutschland beweist, dass die erwähnte Neigung der Tabakkultur zum Kleinbau für sich allein Wirkungen hervorbringen kann, die man oft den Monopolvorschriften zuschreibt. In Deutschland (1893) beträgt die durchschnittliche Anbaufläche eines Pflanzers 10,7 a (23,7 a für die unter der Gewichtssteuer, 0,5 a für die unter der Flächen- und fixierten Gewichtssteuer). In Frankreich mit einer gesetzlichen Minimalbaufläche von 10 a fallen thatsächlich auf einen Pflanzer 29,2 a.

Der Anbau in Oesterreich-Ungarn zeigt ferner, dass es wenig wissenschaftlichen Wert hat, von vornherein Mutmassungen über die Wirkung der Aufsicht auf die Tabakkultur anzustellen. Die Gründe für das Vorwalten der kleinen Anbauflächen in Oesterreich sind z. B. anderweitig zu suchen. Was Plenker 1877 von Siebenbürgen sagt, gilt auch von Tirol mit seinen 15,52 a pro Pflanzer und von Dalmatien mit 5,30 a; die Bodenverhältnisse schliessen eine ausgedehnte Anbaufläche aus. Die Gestalt des Landes und die Art der Bebauung (durch Halbgärtler oder gedungene Pflanzer) gestatten in Ungarn den Bau in viel grösseren Verhältnissen (gesetzliche Minimalfläche 800 ☐klftr. = 28,7 a (408 a) [1]). Da kamen auf einen Pflanzer im Jahre 1894 11,245 ☐klftr.

3. **Kulturverbesserungen.** In Oesterreich-Ungarn wie öfters anderswo hat man die Erfahrung gemacht, dass der kleine Pflanzer, dem die technischen Kenntnisse in der Behandlung des Tabaks fehlen, stets fremder Beeinflussung bedarf. Wo nun eine Körperschaft ausgebildeter Beamten, wie unter der Regie, ständig auf Verbesserungen hinwirkt, da kann ihr ein guter Einfluss nicht wohl fehlen, und ihr Erfolg muss beträchtlich grösser sein, als wenn in Ländern ohne Regie öffentliche Körperschaften gelegentlich in dieser Richtung thätig sind. So wird in einer Drucksache des deutschen Reichstags (1894/95 Nr. 116) berichtet, dass „die Tabake vielfach infolge unzweckmässiger Behandlung des Bodens nicht mehr ihre vormalige Brauchbarkeit besitzen". Nach dem Vierteljahrsheft z. St. des D. R. (1895, I, 56) haben die örtlichen Behörden und die landwirtschaftlichen Vereine in den wichtigsten Tabakbaugegenden die Notwendigkeit empfunden, den Tabakbau zu fördern, und haben deshalb „fortwährend auf Verbesserungen in der Behandlung des Tabaks hingewirkt". Es wäre eigentümlich, wenn man nicht ähnliches von der Regie berichten könnte.

Etwas ähnliches berichtet die Enquête parlamentaire (S. 86), nämlich dass der elsässische Tabak wegen seiner rationellen Behandlung, die durch die Regieverwaltung wesentlich gefördert sei, von Sachverständigen besonders geschätzt werde. Und Mohl unternimmt in seiner Denkschrift (S. 14) den Nachweis, dass die französische Regie seit Anfang des Jahrhunderts durch ihre Unterstützungen den eigentlichen Charakter des französischen Tabaks bedeutend geändert habe.

---

[1] Ausgenommen sind die kleinen Anbauflächen landwirtschaftlicher Institute u. ä.

Aus Ungarn und Oesterreich berichtet die deutsche Enquête auch Günstiges; doch genügt hier ein Hinweis auf die erwähnte Beschreibung Plenkers von der Regiethätigkeit in Ungarn und Galizien. Nach seiner Meinung, die als massgebend gelten muss, ist der Einfluss der Regie in diesen Provinzen sehr günstig gewesen. Heutigen Tages finden die Regiebeamten in Galizien grosse Schwierigkeiten, weil die Kleinbauern dort beständiger Aufsicht, besonders über ihre Trockenräume und die Behandlung des Tabaks, bedürfen.

Anders ist allerdings der Bericht des landwirtschaftlichen Ausschusses in Lille (Enquête parl. S. 1033), nach welchem der Verbesserung der Tabakkultur, die das Monopolregime bewirken solle, eine besondere Bedeutung nicht beigelegt werden kann: „Nous constatons avec regret, que jusqu'ici les essais que la régie a tentés pour l'amélioration des Tabacs indigènes . . . n'ont amené que de résultats peu avantageux", und in der Enquête von 1878 (Drucksache 49) heisst es, dass die Tabakkulturverbesserungen durch die Regie überhaupt viel übertrieben würden.

Kurz, eine allgemeine Behauptung über den Einfluss der Regie auf Kulturverbesserungen lässt sich nicht aufstellen. Der Nutzen der Regieaufsicht wird, wie so oft, von der Vorzüglichkeit der Regieverwaltung abhängen, aber auch von den örtlichen Verhältnissen (Grundbesitz u. ä.), und von der Höhe der schon erreichten Kultur.

4. Regieeinlösungspreise. Dadurch, dass die Regie den Pflanzern ungenügende Preise zahlt und ihnen Anlass gibt, über ungerechte Behandlung zu klagen, wird sie stets, wie Plenker bemerkt, sich selbst schädigen. Und da der Erfolg der Regie in ziemlichem Masse von dem freundlichen Verhältnisse zwischen ihr und der Bevölkerung abhängt, so muss sie ihre Anordnungen mit Bedacht treffen:

Alle 3 Jahre wird ein Mindestpreis festgesetzt, der dem Pflanzer unbedingt sicher ist. Jedes Jahr vor dem Pflanzen werden dann die genauen Preise für die verschiedenen Arten und ebenso die Sätze für die Frachtvergütung[1]) bekannt gegeben.

Bei dem wichtigen Vorgang der Einreihung in die festgesetzten Preisklassen sucht man den Wünschen der Pflanzer durch die Bestimmung gerecht zu werden, dass ein Vertrauensmann von ihnen gewählt und durch die kaiserl. königl. Statthalterei bestätigt wird, der bei der Einlösung zugegen sein und die Interessen seiner Klasse vertreten muss. Preise und Frachtvergütung werden dann bar ausbezahlt.

Ein Vergleich der Tabakpreise in Oesterreich mit denen anderer Länder gibt nur annähernde Ergebnisse, weil die Qualitätsunterschiede oft den ganzen Charakter des Tabaks ändern. Das zeigt sich in gewissem Masse in den sehr verschiedenen mittleren Preisen.

---

[1]) Sie beträgt in Ungarn für 7½—38 km 1 kr. für je 1 km, für 38 km und darüber 1½ kr. für je 1 km.

Mittlere Einlösungspreise für den Meterzentner 1893 (in Gulden):

Für Oesterreich . . 26,10, mit Ausnahme Südtirols
" Ungarn 17,96
" Frankreich . . 49,77
" Deutschland . 49,39 einschliesslich der Steuer[1]).

Diese Zahlen, besonders die für Oesterreich, vereinigen grosse Preisunterschiede. So erreichte der Schnupftabak in Dalmatien viel höhere Preise (58,39 fl.) als durchschnittlich die französischen Blätter. In Galizien und der Bukowina war der Durchschnittspreis nur 18,92 fl.; in Ungarn am niedrigsten. Südtirol kann zum Vergleich nicht herangezogen werden, weil die Ernte grün eingelöst wird.

Mohl in seiner Denkschrift (S. 39) hält die französischen und deutschen Tabake für ähnlich genug, um sie einer Preisvergleichung zu Grunde zu legen. Nachdem er eine ähnliche Statistik wie oben für Frankreich und Deutschland gegeben hat, kommt er zu dem Schluss, dass nicht nur die französische Regie die einheimischen Tabakblätter bedeutend teurer bezahle, als die deutschen im freien Verkehr bezahlt werden, sondern dass der französische Tabakpflanzer auch den ausserordentlichen Vorteil vor dem deutschen geniesse, dass die französische Regie ihm jedes Jahr nicht nur nahezu die gleichen, sondern durchschnittlich beinahe jährlich steigende Preise bezahle, während der deutsche Pflanzer allen Chancen der Preiskonjunkturen ausgesetzt sei. Diese Aussage eines Gelehrten, der die Frage sorgsam untersucht hat, kann gewissermassen als massgebend gelten. So viel ich weiss, hat niemand sie im Druck zu widerlegen gesucht[2]).

Für Oesterreich schreibt unser Gewährsmann Plenker (Oesterreichische Revue 1863, 6. Bd.). die Regie sei aus nationalökonomischen Gründen genötigt gewesen, den ungarischen Pflanzern höhere Einlösebeträge zuzugestehen, als die abgelieferten Rohstoffe nach dem Verhältnis des Weltmarktes eigentlich wert gewesen seien. Auch ein Kritiker wie Professor Schwicker (Statistik des Königreichs Ungarn 1877, S. 217) sagt über die Preisfeststellungen der Regie: „Man rechnet nach dem Halbscheidsystem — ½ des Ertrages als Reineinkommen — immerhin ein lohnendes Erträgnis[3])."

Nach diesen Aussagen, die mehr oder weniger allgemein gültig sind, werden wir nicht mit Unrecht annehmen dürfen, dass die allgemeine Behandlung der Pflanzer durch die selbst interessierten Einlösungskommissionen den

---

[1]) Nach Vierteljahrsheft z. Stat. d. D. R., 1895, I, S. 70 (1 M. = 60 kr.).

[2]) In der Enquête von 1878 sagt ein Bericht über die französischen Einlösungspreise: „Diese hohen Einkaufspreise bezahlt der Privatbetrieb nicht," und sieht darin den Grund für das beständige Abnehmen der Ausfuhr französischer Rohtabake. Mohl a. a. O. und andere versichern, dass die elsässischen Tabakbauern, die unter beiden Systemen Erfahrungen gemacht haben, für das deutsche Tabakmonopol eingetreten seien.

[3]) Die folgende Statistik der Einlösungspreise in Ungarn zeigt, dass, was Mohl von einem allmählichen ständigen Steigen der Preise in Frankreich sagt, auch hier zutrifft:

1856—60	16,80 fl. für 100 kg		1872	21,00 fl. für 100 kg
1861—65	17,16 fl. " " "		1873	21,11 fl. " " "
1871	18,11 fl. " " "		1874	21,58 fl. " " "

Vergleich mit dem Verfahren privater Tabakhändler aushalten kann und dass die Regiepreise keine Ausnahme von dieser Regel bilden werden.

5. Der Anbau von Tabak. Die wunderbare Zunahme des Anbaues in den Jahren 1856—58 war nicht natürlich. Wie schon gesagt, wurde sie durch die wirtschaftlichen Verhältnisse nach dem Krimkrieg hervorgerufen. Die Statistik des Anbaues von 1859 beweist deshalb nichts für die Wirkungen des Monopols; sie zeigt nur die Leistungsfähigkeit Ungarns im Tabakbau. Die Beschränkungen des Anbaues waren, wie die folgende Tabelle beweist, ausserhalb Ungarns viel schärfer. Zugleich zeigt sich hier die Richtung auf zunehmende Konzentration des Tabakbaues.

Der Tabakbau vor und nach 1858:

Jahr	Siebenbürgen		Kroatien und Slavonien		Serbien und das Temeser Banat		Ungarn	
	Bebaute Joche	Zahl der Pflanzer	Bebaute Joche	Zahl der Pflanzer	Bebaute Joche	Zahl der Pflanzer	Bebaute Joche	Zahl der Pflanzer
1851—55	—	7,154	767	2330	9,749	5,589	—	50,503
1858	2791	14,228	1267	2695	23,537	14,635	44,765	92,936
1861—65	751	2,136	73	85	14,984	6,927	25,247	39,996

Dass die Regie recht hat, den Anbau so zu beschränken, ersieht man aus den Erfahrungen der Jahre 1866, 68 und 75:

1860 wurde der Exportbau freigegeben. In den nächsten Jahren erzeugte der Bürgerkrieg in Amerika eine lebhafte Nachfrage nach ungarischem Tabak. Als dann 1866 die Nachfrage auf ihr gewöhnliches Mass zurückging, waren die Verhältnisse derart, dass sich die Regie, um die Pflanzer vor erheblichem Schaden zu bewahren, veranlasst sah, grosse Mengen Tabak zu übernehmen, der für die Ausfuhr erzeugt worden war, aber keinen Abnehmer gefunden hatte. Dasselbe geschah 1868. (1866, 53.515 Wiener Ztr., 1868, 11,221.) Weiter zeugen die Regieauktionen von ähnlichen Verhältnissen. So konnten 1872 bei der Regieauktion 13,000 Ztr. gut untergebracht werden, weil damals die Nachfrage nach ausländischem Rohmaterial im Deutschen Reiche sehr gross war (Vierteljahrshefte zur St. d. D. R., 1895, I. Bd.). Dagegen wurde 1875 nicht die Hälfte von den angebotenen 38,000 Ztr. abgesetzt.

Die Regie verleiht auch vertrauenswürdigen Personen ohne Kaution unentgeltlich Ausfuhrtabak, Handelslizenzen, die für 3—5 Jahre gelten. Im Jahre 1878 waren nach der deutschen Enquête zu diesem Handel zugelassen: 9 Handelsfirmen, darunter 2 Geldinstitute. Die Zahl der Ausfuhrpflanzer war nicht gering, — von 1875—78 durchschnittlich 1243, mit einer bebauten Fläche von etwa 6000 ha.

Bis 1885—87 hielt sich die Ausfuhr auf derselben Höhe[1]), von da an

---

[1]) 1876—80 10,800,700 kg,
1880—85 10,393,400 kg.

sinkt sie¹). Und obwohl die Regie sich einige Jahre später an der Errichtung einer Aktiengesellschaft in Budapest mit der Hälfte des Gründungskapitals betheiligte und reichliche Ausfuhrprämien zusicherte, stossen nach den letzten Berichten die Verkäufe für die Ausfuhr auf wachsende Schwierigkeiten, worüber man verschiedene Ansichten findet.

Die Budapester Tabakhandlung, Herzog & Co., nennt als Hauptursache der geringen Ausfuhr die hohen Zölle, die im Deutschen Reich, in Belgien und der Schweiz eingeführt worden sind. Der Verfasser der „Statistik des Königreichs Ungarn" betrachtet die Sache dagegen in anderem Lichte. Er sagt: „Leider wird die Produktion durch die monopolistische Verwaltung sowie durch allerlei büreaukratische Plackereien dem Erzeuger sehr verleidet. Eine wesentliche Erleichterung des Tabakbaues oder gar die Aufhebung des Staatsmonopols muss dem ungarischen Staatsmann und dem Volkswirt als richtiges Ziel vor Augen schweben²)." Daneben stellen wir die Ansicht von G. Vautier in seiner „La Hongrie économique" (1893), wo er sagt: Le tabac hongrois ne puit plus concourir aujourd'hui avec les produits similaires de l'étranger. Frankreich bevorzuge seinen algerischen Tabak, Italien, Serbien und Rumänien bezögen immer weniger Tabak aus Ungarn, nur Oesterreich bleibe sich darin ziemlich gleich und — „c'est dû surtout à l'infériorité du produit".

Der ausnahmsweise ständige Verbrauch von Rauchtabak in anderen Ländern, z. B. in England, erklärt sich zweifellos aus der recht hohen Besteuerung der Zigarren, oder wie in Frankreich aus den hohen Preisen, bei denen das billigere Erzeugnis, der Rauchtabak, bevorzugt wird. In Ungarn aber hat die geänderte Richtung des Verbrauchs schon bald die Regiefabrikation beeinflusst, wie folgende Tabelle zeigt:

Tabakfabrikate der Regie in Ungarn (Zentner):

Jahr	Pfeifentabak	Zigarren
1851	376,721	38,337
1852	542,119	50,572
1861	511,448	72,989
1865	501,052	99,765

Infolgedessen ist auch die Einfuhr gestiegen. Bis 1867 bildete die Roheinfuhr nicht mehr als 15—20% des ganzen verarbeiteten Materials, heute da-

---

¹) Nach einer privaten Mitteilung aus Ofen wirkte dabei die Abneigung Frankreichs mit, das sich durch die schroffe Ablehnung der Einladung zur Pariser Ausstellung verletzt fühlte. Entschieden kann die Regie als nationale Einrichtung durch nationale Gegensätze sehr getroffen werden.

²) „Statistik des Königreichs Ungarn" von Prof. J. W. Schwicker (königl. Joseis-Polytechnikum). 1877, S. 216. Der Verfasser gibt eine Statistik, nach der die Ausfuhr durchschnittlich um 80—100% höhere Preise erzielt als die Regie zahlt. Wenn das etwas beweisen soll — was nicht der Fall ist —, so vergisst er dabei, was er (S. 388) sagt, dass nämlich Ungarn seine Rohprodukte zu niedrigem Preise dem Auslande zusendet und von diesem dafür die Fabrikate um hohen Preis zurückkauft (sic!).

gegen beträgt sie für Oesterreich-Ungarn 22—25 % (in Oesterreich allein 27—30 %; 1893 — 28,4 %; in Ungarn allein etwa 20 %; 1892 — 19,5 %).

In der ganzen Zeit hat man dann Versuche angestellt, um einheimische Blätter bei Zigarren als Deckblätter und Wickel zu verwenden. Ihre Benutzung zu Deckblättern bleibt aber sehr beschränkt. In Ungarn machen die Deckblätter mit den Blättern 1. und 2. Klasse kaum 6—12% aus, in Frankreich hingegen 31—34%, (Desider Kurti u. a. O., S. 67.) Die Menge des als Deckblätter benutzbaren Tabaks schwankt mit der Güte der Ernte. In Galizien ist sie kaum nennenswert (1893 917 kg).

Tabak zu Deckblättern (Ungarn):

Jahr	kg
1868	11,394
1870	8,915
1875	510,274
1880—85	543,798 (durchschnittlich)
1890—93	89,157 („)

Ausfuhr an Rohtabak aus Ungarn (Wert in Gulden):

Jahr	Nach dem Auslande		Nach Oesterreich
	durchs Aerar	durch Kaufleute	
1881—85	806,552	1,708,884	6,060,631
1886—90	339,323	837,176	4,349,356
1891	254,240	647,131	3,739,078
92	285,931	573,510	5,283,291
93	—	—	5,313,412

Die Statistik des ungarischen Tabakbaues seit 1851 zeigt den Rückgang in den letzten Jahren. Die Zahlen für die Jahre 1891—94 stammen aus Mitteilungen von Ofen-Pest. (Das Katasterjahr ist gleich 1600 ☐klftr. oder 0,575 ha gerechnet.)

Der Tabakbau in Ungarn seit 1851:

Jahre	Bebaute Fläche in Hektar	Auf einen Pflanzer kommen Ar
1851—55	25,507	39
1856—60	47,202	—
1861—65	41,055	82
1866—70	51,423	—
1871—75	46,687	88
1876—80	57,836	125
1880—85	59,543	—
1886—90	50,830	—
1891	42,897	—
1892	42,326	378
1893	40,710	412
1894	37,053	408

Vergleichen wir Ungarn mit dem Deutschen Reiche, so finden wir auch dort trotz des hohen Zollschutzes und des sicheren gleichmässigen Marktes eine entschiedene Abnahme. Die Erzeugung im Zollgebiet betrug:

1871—75   344,300 Ztr.
1891—93   259,600 „

Im ganzen können wir sagen, dass sehr wahrscheinlich die ausländische Konkurrenz in Verbindung mit dem geänderten Konsum die Abnahme des ungarischen Tabakbaues genügend erklären.

5. Zusammenfassung des 2. Teils.

Der Regiepflanzer befindet sich in keiner ungünstigen Lage. Der Pflanzer kennt zum voraus die Bedingungen des Tabakbaus unter der Regie, er kennt seine Freiheit, sich anderen Zweigen des Ackerbaus zu widmen, aber er fühlt sich auch beruhigt über seine Ernte, er kann im voraus ungefähr den Ertrag, den sie bringen wird, abschätzen. Der Ausdruck der Enquête von 1878: „Die Pflanzer drängen sich zum Regiebau", mag etwas zu dramatisch sein, er enthält aber viel Wahres.

Neckers Meinung, dass Monopol und Privatbau einander ausschliessen, (Admin. d. fin., II, S. 104—6), trifft also nicht zu; die grosse Ausdehnung des Tabakbaus in Oesterreich-Ungarn und in Frankreich ist ein bündiger Beweis für das Gegenteil.

Die Abnahme des Tabakbaus fällt, wie wir gesehen haben, nicht dem Monopol zur Last, sondern beruht auf der sinkenden Nachfrage; das Monopol hat sich keineswegs dem Tabakbau unfreundlich erwiesen —, es hat ihn thatsächlich öfter gefördert und stützt ihn noch heute.

Die einzige wirkliche Schwäche der Regie ist die Tendenz, schlechte Gelüste unter der tabakbauenden Bevölkerung zu wecken, namentlich das Verlangen hervorzurufen, durch Unterschleif Geld zu gewinnen; aber dies eine wiegt die Vorzüge des Monopols nicht auf, und es kann durch weise Anordnung der Baufläche und sorgsame Verwaltung wahrscheinlich fernerhin noch mehr eingeschränkt werden.

Nichtsdestoweniger wird man sich nun mit ganzer Zuversicht den allgemeinen Worten der Tabakenquête von 1878 (S. 88) anschliessen können, dass nämlich, nach den Erfahrungen, die man in Frankreich und in Oesterreich-Ungarn gemacht hat, die Aussichten, welche das Monopol für den Tabakbau eröffnet, als besonders günstig zu bezeichnen seien[1]).

---

[1]) Die vielen kleinen Schriften über Tabakbesteuerung, Tabakmonopol u. s. w., die seit den 60er Jahren erschienen sind, sind meist sehr unbefriedigend; sie sind vielfach zu sehr politischer Natur. — Manche scheinen von der Annahme auszugehen, dass alle Einschränkungen, deren ungeheuerlichste das Monopol ist, vom Uebel seien; ihr einziges Ziel ist, einen Ersatz für das Monopol zu finden. Die Debatte dreht sich vor allem um die hierzu gemachten Vorschläge. So z. B. Anton Knaur, „Die Freigebung des Tabakbaues auch eine Lebensfrage für Staat und Volk, beantwortet vom national-ökonomischen Standpunkte" (Wien 1861). — Die kleine Schrift von Dr. A. P., Ein Wort über das Tabakmonopol mit besonderer Rücksicht auf Ungarn (Wien 1867). hält mit Recht solchen Behauptungen die Ausführung entgegen, dass die ganze Frage aus finanziellen Rücksichten entschieden werden muss, und dass die scharfe Auf-

Zur Uebersicht geben wir hier für das Jahr 1893 eine aus den verschiedenen amtlichen Berichten entnommene

Statistik des Tabakbaus in Oesterreich-Ungarn, Frankreich, Deutschland.

Land oder Provinz	Bebaute Fläche in Hektar	Zahl der Pflanzer	Ar auf einen Pflanzer	Ernte Meterztr.	Ernte pro Hektar	Ertrag eines ha in fl.
Ungarn	40,710	9,868	412	(1892) 535,942	(1892) 11,4	230
Galizien und Bukowina	2,049	25,074	8,17	31,066	15,1	286,8
Dalmatien	399	7,537	5,30	6,635	16,6	969,4
Tirol	392	2,525	15,52	5,939	12,6	384,8
Frankreich	14,910	50,909	29,2	200,615	13,2	595
Deutschland	15,198	141,734	10,7	320,820	21,1	591

3. Teil.
Die Tabakverarbeitung.
1. Der Betrieb.

1. Die Anschaffung von Rohmaterial. Die Ankäufe der Regie richten sich stets nach der allgemeinen Nachfrage. Das Rohmaterial der französischen Regie musste vor 1885 stets zu einem bestimmten Teile (80 %) aus inländischen Blättern bestehen; für das österreichische Gefäll hat es nie eine solche Einschränkung gegeben. Um daher der grossen Nachfrage nach Zigarren und Zigaretten nachzukommen, werden grosse Quantitäten Rohtabaks aus dem Auslande bezogen: 1894 28 % des ganzen Rohstoffes; 1880—93 27 %. Diese reichlichen und steigenden Einkünfte im Auslande konnten vielleicht dazu Anlass geben, durch höhere Zigarrenpreise den inländischen Bau zu schützen.

Von den Quellen im Inlande stehen unter Verwaltung der Regie selbst Galizien und die Bukowina, Südtirol und Dalmatien; die andere Inlandquelle, Ungarn, steht unter der ungarischen Regie. Ungarns Anteil an der Gesamtmenge einheimischen Tabaks, der in Oesterreich verbraucht wurde, betrug 17,1 % (227,153 Meterztr.), der Galiziens, Tirols u. s. w. 82,9 %.

Aus dem Auslande kommen die feineren Tabaksorten, die fast nur für Zigarren und Zigaretten gebraucht werden. 29 Arten fremder Rohtabake wurden 1893 gekauft; die wichtigsten waren: Habanna mit 7 % der gekauften Menge, Sumatra mit 10 %, amerikanische (Virginia u. s. w.) mit 21 %, makedonische mit 26 %, die aus der Herzegowina mit 4 %, russische (Cherbel) mit 2.5 %.

Für ihre umfangreichen Einkäufe unterhält die Regie Verbindungen mit

---

sicht, die bei einer loseren Besteuerungsart nötig sei, um einigermassen befriedigende finanzielle Ergebnisse zu erreichen, zu viel ernsteren Bedenken Anlass geben würde als das Monopol selbst.

fremden Handlungshäusern. Früher war auch in Habanna ein eigener Kommissar für diese Zwecke angestellt. Zur Zeit aber werden die Einkäufe, wie bei der italienischen und französischen Regie, fast ausschliesslich durch (norddeutsche) Tabakhändler gemacht. Die folgende Statistik gibt Art und Umfang der französischen und österreichischen Regieeinkäufe für 1893:

Regieeinkäufe in Oesterreich und Frankreich für 1893
(in Meterzentnern):

Art der Blätter	Oesterreich	Frankreich
Inländische	274,883 (72,9 %)	200,615 (52,3 %)
Ausländische	104,276 (27,1 %)	183,055 (47,7 %)
Im ganzen [1]	379,159	383,671

Bei so grossen Einkäufen ist die Gefahr einer Ringbildung der Händler ziemlich gross. Sie ist am grössten für Frankreich mit seinem starken Bedarf (180 % des österreichischen). Die französische Regie hält es deshalb für ratsam, beständig in Beziehung zu den französischen Konsuln in den Tabakländern zu bleiben — diese besorgen alle Nachrichten über die laufenden Preise und machen bisweilen auch Ankäufe.

Ausser den regelmässigen Einkäufen werden andere als Tabakproben für die erwähnten Verschleissversuche gemacht. Diese werden natürlich meist zu hohen Preisen gekauft: 1893 waren es 81,1 Ztr. zu je 297 fl. (225 % des Durchschnittspreises). In ihnen zeigt sich, wie die Regio auf Verbesserung der Qualität und volkstümliche Aenderungen im Tarif bedacht ist.

In den Einlösungseinrichtungen tritt die Vorliebe der österreichischen Direktion für möglichste Einfachheit noch einmal zu Tage, Frankreich hat z. B. eine besondere Einlösungsabteilung mit 33 Magazinen (fünf nur für ausländische Tabake), die 579 Personen beschäftigen. In Oesterreich (anders in Ungarn) gibt es keine solche Abteilung, dagegen hat Dalmatien drei Einlösungsämter und Wien ein Habannazigarrenmagazin mit 22 Beamten, sowie 511 Dienern und Arbeitern (darunter 265 Frauen) [2]. Genügen diese einmal nicht, so werden Magazine unter Aufsicht der nächsten Fabrik errichtet; sonst vertreten gewöhnlich die Fabriken deren Stelle.

[1] Italiens Gesamtmenge betrug 1893: 343,610 Meterztr. — Erwähnt mag werden, dass die jährlich erzeugte Menge von dem jährlich gekauften Betrage abweicht; das verarbeitete fremde Material machte 1891 in Oesterreich 24 %, des ganzen, in Frankreich 45 %, in Italien 16 %, in Ungarn 1892 19 % aus.
[2] Ein Regiemanuskript erwähnt sieben Einlösungsämter und zwei Exposituren, die in den Tabellen nicht erwähnt sind.

Der Umfang der Materialanschaffung stellt sich so:

Rohmaterialankauf (in Meterzentnern):

Periode	Inländische Blätter	Ausländische Blätter
nach v. Reden { 1831—40	?	44,552
1841—49	?	40,704
1871—75	255,209	186,362
1876—80	276,293	84,444
1881—85	296,213	88,361
1886—90	265,787	105,995
1893	274,883	104,277
1894	208,541	87,117

2. **Tabakfabrikation.** Die verschiedenen Betriebsformen der Tabakfabrikation treten am besten in dem nicht monopolistischen Deutschen Reiche hervor: das Fabriksystem, das Verlagssystem wie auch die selbständige Hausindustrie und Hausarbeit, von denen die zwei ersten oft vereinigt sind (Sachsen, Baden). Die grossen Monopolländer dagegen zeigen alle eine Form, den Fabrikgrossbetrieb; keine Tabakverarbeitung irgend welcher Art darf in Oesterreich ausserhalb der Fabrikmauern stattfinden — selbst nicht die Umwickelung von Zigaretten durch die Trafikanten.

Für die anderen Betriebsformen, Verlagssystem und Hausindustrie, kann man manches anführen, so die Billigkeit der Produktion und die Erwerbsmöglichkeit, die sie solchen bieten, die eine Fabrik nicht betreten wollen oder können. Die Frage führt auf den alten Streit zwischen Fabrikbank und Küchenstuhl; die vielen ernsten Erörterungen der letzten Jahre über Fabrikgesetzgebung u. s. w. haben indes gründlich gezeigt, dass die alte, unbedingte Verherrlichung der Hausindustrie ein Irrtum war. Dr. Bücher beschreibt in seiner Schrift: „Von den Produktionsstätten des Weihnachtsmarktes" 1887 (S. 16), dieses alte Ideal:

„Der Produzent bleibt in gewissem Grade selbständig, der Friede des häuslichen Herdes ist ihm gewährt, die Kinder wachsen unter seinen Augen auf, sie helfen ihm mit der Mutter bei der Arbeit, er kann durch Land- und Gartenbau einen Teil des Lebensunterhaltes selbst erzeugen. Es ist ein schönes Bild, das uns die Bewunderer der Hausindustrie zeichnen: eine nette, reinliche Stube, Grasblumen und Goldlack am Fenster, ein Kanarienvogel im Bauer, die ganze Familie sitzt arbeitend um Tische, ein Zug warmen Behagens und bescheidenen Wohlstandes liegt über dem Ganzen...

„In Wirklichkeit aber," führt der Verfasser fort, „ist ihre Lage doch erheblich anders, und zwar wegen der Krebsübel aller Hausindustriellen — der absoluten Abhängigkeit von jenen kaufmännischen Zwischengliedern, welche zur Besorgung des Absatzes zwischen sie und die Konsumenten treten."

Das Los des Fabrikarbeiters ist demgegenüber verhältnismässig günstig zu nennen, denn er ist durch Fabrikgesetze gegen fortgesetzte Ueberarbeit, gesundheitsschädliche Beschäftigung u. a. geschützt. Die starke Kapitalanlage des Unternehmers verhindert oft eine Betriebseinstellung, während der Verleger, dessen Kapital nur die Hausarbeiter sind, diese jeden Augenblick ausser Thätigkeit setzen kann, ohne einen Pfennig zu verlieren¹). „Was Wunder," sagt Dr. Bücher weiter (S. 30), „dass diese Hausindustriellen sich in der höchsten Existenznot alles gefallen lassen müssen, dass sie die Frucht ihres Fleisses zu Preisen weggeben, bei denen die Arbeit fast keinen Ertrag mehr abwirft, dass sie, um den Ausfall zu decken, Weib und Kind an die Arbeit spannen, dass der Arbeitstag für sie kein Ende mehr hat, dass sie körperlich und geistig verkommen!"

Um dieses düstere Bild durch Thatsachen zu belegen, brauchen wir nur die Enquête von 1878 zu nehmen²), wo wir lesen: „In den staatlich eingerichteten Tabakfabriken Oesterreichs und Italiens werden keine Gesundheitsstörungen beobachtet, die von der Einatmung des Tabakstaubs herrühren könnten. . . . Auf meinen Berufswegen habe ich oft Gelegenheit gehabt, Wohnungen zu untersuchen, und habe ich in Stötteritz, Connewitz, Klein-Zschocher bei Leipzig u. s. w., wo die Tabakhausindustrie betrieben wird, gefunden, dass sich eine ganze Familie von 3, 4, 5 Personen in einem engen Raume befindet und beschäftigt, in dem von einer Ventilation keine Spur vorhanden ist. Die Atmosphäre ist darin mit Tabakausdünstungen geschwängert, die Häuslichkeit ist unrein gehalten u. s. w. Dass unter solchen Umständen die denkbar ungünstigsten Bedingungen für die Industrie gegeben sind, ist unzweifelhaft."

Die neuesten Berichte der Fabrikinspektoren lauten ebenso ungünstig. Der Bericht für das Jahr 1893 (S. 359) erwähnt, dass Zigarrenmacher aus der Fabrik in die Hausindustrie übergegangen seien, teils um den Bestimmungen über die Beschäftigung jugendlicher Personen zu entgehen, teils um nicht die Altersversicherungsbeiträge aufbringen zu müssen. Der vorjährige Bericht (S. 56) erklärt, die Abnahme der Kinderbeschäftigung sei nur scheinbar, da sich die Hausindustrie vergrössert habe.

Das Bestehen der Tabakhausindustrie in Deutschland kann daher nicht als günstig angesehen werden. Dabei aber bleibt die Frage bestehen, ob das Verlagssystem, z. B. für Gemeinden, die keinen Tabak bauen, in den Monopolbetrieb aufgenommen werden sollte. Eine solche Massregel würde allerdings, unter Regieaufsicht, den Hauptvorteil der Hausarbeit besitzen, — solchen Leuten Arbeit zu verschaffen, die in eine Fabrik entweder nicht eintreten können, oder es nicht wollen³). Doch kann man nicht leugnen, dass sie meist bedeutet: Arbeit in einer schlechten Wohnung mit unregelmässiger Arbeitszeit statt unter den gesunden Verhältnissen einer gut eingerichteten Fabrik. Auch muss man bedenken, dass der ungünstige Beigeschmack der „Fabrikarbeit" mit der Verwirklichung von Fabrikreformen zu schwinden beginnt⁴).

Der ausgedehnte österreichische Regiebetrieb umfasst in nur 28 Fabriken 33,069 Arbeiter oder durchschnittlich 1181 Arbeiter in jeder Fabrik. In den 15 Fabriken Ungarns kommen auf die Fabrik durchschnittlich 1031 Arbeiter,

---

¹) Wir erinnern nur an den bekannten Ausstand der Berliner Konfektionsarbeiter.
²) Anlage zum Berichte der Bezirkskommission Dresden, S. 13 (von Dr. Siegel). S. auch über Ungarn Dr. Mandellos wertvollen Aufsatz a. a. O. und weiter Leroy-Beaulieu, Le travail des femmes au XIXe siècle.
³) Lorenz v. Stein spricht gegen die Hausindustrie für Oesterreich, weil dann die Regie nicht für die Güte ihrer Fabrikate einstehen könne — das ist gewiss nicht stichhaltig.
⁴) Vgl. Pigeon, Old world problems and new world answers.

in den 12 Italiens 922, in den 21 französischen 788. Diese starke Betriebskonzentration in den Monopolländern steht im scharfen Gegensatz zu der zersplitterten Fabrikationsweise in Deutschland, wo nach den „Drucksachen des Reichstags" 1894/95, Nr. 116 (Begründung des Tabaksteuergesetzentwurfes), durchschnittlich auf einen Fabrikationsbetrieb nur 14 Arbeiter [1]) kommen. Nach der Berufsstatistik von 1882 gibt es unter 15,226 Hauptbetrieben nur 37, die mehr als 200 Mann beschäftigen, während kein einziger mehr als 1000 Arbeiter [2]) zu haben scheint. In Oesterreich ist die geringste Arbeiterzahl einer Fabrik 429 (Hallein), die grösste 2298 (Sedletz) [3]).

In Bezug auf die Fabrikate kann man die Zigarrenerzeugung als Hauptstütze des österreichischen Monopols ansehen. Zigarren werden in allen 28 Fabriken erzeugt, Zigaretten und Rauchtabak nur in 19, Schnupftabak in 5. Der Tabakimport ist auch verhältnismässig klein. Ausgenommen die Habannazigarren und einige unbedeutende Schnupftabaksorten werden alle die in Oesterreich käuflichen Tabakarten in Oesterreich erzeugt. Im Jahre 1893 betrug die Ausbeute 812,207 Meterzentner oder 1,3 kg Fabrikate auf den Kopf der Bevölkerung, in Frankreich zwar 360,000 Ztr., aber nur 0,96 kg auf den Kopf. Nimmt man als ungenaue, aber allein verwendbare Grundlage eines Vergleichs mit Deutschland die Erzeugung und Einfuhr, abzüglich der Ausfuhr, so ist die Fabrikation auf den Kopf in Deutschland etwas grösser. Nach der Statistik im letzten Tabaksteuerentwurf, Anlage 2, ist die deutsche Erzeugung auf den Kopf berechnet:

108 Stück Zigarren, 12 Stück Zigaretten, 7,7 kg Rauch-, Kau- u. ⁓ Schnupftabak.

In Oesterreich betrug sie 1893:

46 Stück Z'garren, 68 Stück Zigaretten, 9,9 kg Rauch-, Kau- u. ⁓ Schnupftaba r.

Ein Vergleich der Erzeugung Oesterreichs und Frankreichs 1893 (in Kilogramm) ergibt folgendes:

Fabrikate	Oesterreich	Frankreich	Verhältnis beider
Zigarren . . .	5,288,528	3,159,931	167 : 100
Zigaretten . .	1,704,811	1,171,814	145 : 100
Rauchtabak . .	21,238,655	24,934,849	85 : 100

[1]) Vgl. die Bemerkungen in den Vierteljahrsheften zur Stat. d. D. R., 1895, I, 73.
[2]) Doch scheint die Betriebsvereinigung in Deutschland zuzunehmen. Es gab
    1882 15,226 Hauptbetriebe mit 110,468 Arbeitern,
    1893   9,755   „   „ 138,114   „
[3]) Die Fabriken, deren Lage möglichst günstig für Transportzwecke ausgesucht ist, verteilen sich auf die Provinzen wie folgt:
    Mähren 6   Tirol 2
    Böhmen . . . 5   Krain . . . . ⎫
    Galizien . . . 4   Istrien . . . . ⎪
    Niederösterreich 4   Kärnthen . . . ⎬ je 1
    Oberösterreich   Steiermark . . ⎪
    mit Salzburg . 2   Schlesien . . . ⎭

Diese umfassende Zigarrenfabrikation erklärt die Besonderheiten des österreichischen Betriebes — viel Handarbeit; verhältnismässig wenig Maschinenverwendung; grosse Anzahl von Arbeiterinnen. Frauen bilden 90,2 % der ganzen Arbeiterzahl. Männer werden nur zu schwererer Arbeit und zu Maschinenarbeit gebraucht [1]). In Deutschland dagegen machen die Arbeiterinnen nur 55 % des gesamten Personals aus, im Jahre 1882 waren es gar nur 43 %.

Ueber den Umfang der Maschinenverwendung gibt der Wert der Maschinen einige Anhaltspunkte. In den französischen Fabriken ist er vierfach so hoch als in den österreichischen: 3,336.500 gegenüber 831,270 fl. (2 Fr. = 1 fl.).

Die folgende Statistik zeugt in gewissem Umfange von den Bemühungen der Regie, die teurere Lohnarbeit durch Maschinenarbeit zu ersetzen. Während des Jahres 1893 hat sich z. B. die Zahl der Maschinen in der Zigarrenfabrikation (Spinn- und Bündelmaschinen, Puppenpressen u. R.) um 541 vermehrt, in dem Zigarettenbetrieb (Hülsen, Mundstückel-Abschneidmaschinen) um 403, im Rauchtabakbetriebe um 12 u. s. w.). 1873 benutzten nur 12 Fabriken Motorenkräfte, 1883 22 und 1891 alle 28.

Motoren und Maschinen in der österreichischen Regie:

Jahr	Triebkräfte				Maschinen getrieben durch	
	Wasserwerke	(Gas-, Dynamo-) Motoren	Kessel	Pferdekräfte	Motoren	Menschenkräfte
1870	5	11	18	—	—	—
1875	6	13	23	—	540	2,954
1880	4	18	30	467,5	684	2,786
1885	4	17	30	484,7	707	4,630
1890	4	22	37	627,7	800	8,185
1894	4	23	40	664,7	919	12,096

Tabakfabrikation und Fabrikatenanschaffung:

Jahr	Fabrikation					Anschaffung	
	Schnupftabak M.-Z.	Rauchtabak M.-Z.	Gespinste M.-Z.	Zigarren Mill. Stück	Zigaretten Mill. Stück	Fremde Fabrikate M.-Z.	Contrebande M.-Z.
1841—45	37,481	220,865	29,108	(1841—44) 63,3	—	—	—
1871—75	48,539	225,756	19,551	1126,8	54,1	1857	139

[1]) Ueber diese vielfache Verwendung von Frauen ist zu sagen, dass wenn Frauen überhaupt in der Fabrik arbeiten müssen, es rätlich ist, ihnen Arbeit zu geben, die ihrer Kraft und Geschicklichkeit entspricht, wie z. B. Zigarren- und Zigarettenrollen, Blättersortieren u. ä. Freilich lassen sich ohne Zweifel Frauen viel leichter wie Männer ausbeuten (s. die niedrigeren Löhne), und daraus ergeben sich dann schlimme Folgen für das sittliche Leben der Frauen.

Jahr	Fabrikation					Anschaffung	
	Schnupf-tabak M.-Z.	Rauch-tabak M.-Z.	Ge-spinste M.-Z.	Zigarren Mill. Stück	Zigaretten Mill.Stück	Fremde Fabrikate M.-Z.	Contre-bande M.-Z.
1876—80	23,596	226,424	18,328	963,8	49,4	414	97
1881— 85	22,291	222,096	17,324	1108,6	163,4	222	82
1886—90	20,046	210,346	14,865	1295,1	746,6	194	64
1891	17,671	211,019	13,171	1137,0	1211.1	—	—
1892	16,878	211,542	12,556	1130,8	1396,0	—	—
1893	17,371	212,387	12,517	1103,5	1605,2	183	141
1894	15,947	211,524	12,424	1110,3	1668,9	204 [1])	—

3. **Die Güte der Fabrikate.** Die Meinung über die Güte eines Tabakfabrikates hängt natürlich von dem Geschmack und der Gewohnheit der Verbraucher ab. Dennoch geniessen die österreichischen Fabrikate überall den unbestrittenen Ruf besonderer Güte. Die Einwendungen deutscher Tabak-fabrikanten und -Händler richten sich nur gegen die Taxpreise der Regie. Doch kommt es nicht selten vor, dass deutsche Reisende in Oesterreich für ihren eigenen Gebrauch Regieerzeugnisse den reichsdeutschen Fabrikaten vorziehen. Auch die Ausfuhr nach dem Deutschen Reich, nach England, Amerika u. s. w., die gegen die hohen Zölle zu kämpfen hat, gibt einen praktischen Beweis für die Güte der Erzeugnisse.

Max Wirth schrieb 1882 (Grundzüge d. Nat.-Oek., II, 460): „In vielen Gegenden (Deutschlands), namentlich Süddeutschlands, wird so unpreiswürdige Ware angeboten, dass in den geringeren und mittleren Sorten von Zigarren bei gleichem Preise sogar die österreichischen Regieprodukte vorgezogen werden." Nach Walcker (Finanz. 133) hatten die österreichischen Fabrikate in Bayern solchen Anklang gefunden, dass die reichsdeutschen Fabrikanten nicht nur die Regieetiketten u. s. w. nachahmten, sondern auch für eine Zoll-erhöhung gegen Oesterreich agitierten. Kurti (a. a. O. S. 41) citiert aus der „Allgem. Zeitung", 1887, Nr. 48, einen Brief des österreichischen Hauptverlags in Bayern, der sich über diese betrügerische Nachahmung von Farben, Etiketten und Packung beklagt. Ausserdem ist der Fall, den die Schrift: „Der Zollverein und das Tabakmonopol" (Berlin 1857) berichtete, dass in Magdeburg 25—30,000 Ztr. von Surrogaten, wie Runkelrübenblätter u. dergl., verkauft seien, durchaus nicht als veraltet anzusehen. Nur das Tabakmonopol kann den Verbrauchern wirklich die Sicherheit geben, dass sie ein reines und gleich-mässiges Erzeugnis erhalten; und in diesem Punkte hat die österreichische Regie einen vollkommenen Erfolg aufzuweisen.

4. **Regienebenbetriebe.** Aus Gründen der Wirtschaftlichkeit hat die Regie allmählich mit ihrem Tabakbetriebe ausser den gewöhnlichen Werk-

---

[1]) Die 204 Zentner bestanden aus Habanazigarren und -Zigaretten, und Manila-zigaretten.

stätten (für Reparaturen, für Fabrikation von Wickeln und Zigarrenformen) verschiedene wichtige Nebenbetriebe verbunden: Tischlerei, Binderei, Schlosserei, Kisten- und Schachtelnmacherei, und die Anfertigung von Etiketten [1].

In dem grossen Umfange der Nebenbetriebe stimmt die österreichische Regie mit einer Menge reichsdeutscher Fabrikanten überein. Nach dem Material zur Begründung des Tabaksteuerentwurfes (1894) wurden im Deutschen Reich einige 3392 Arbeiter oder etwa 3% der Tabakarbeiter in den Nebenbetrieben beschäftigt. In Oesterreich sind es aber 10%.

Der geringe Gebrauch von Tabaketiketten, die in nichtmonopolistischen Ländern in solcher Masse auftauchen, bildet eine beachtenswerte Ersparnis des Regiesystems und bringt dadurch zugleich einen keineswegs unbedeutenden volkswirtschaftlichen Vorteil; denn in Oesterreich werden nur die feineren Tabaksorten mit Etiketten versehen. Dieser Widerspruch mit den Interessen beteiligter Leute, wie der Etikettenfabrikanten, kann uns in dieser Ansicht nicht wankend machen, und dasselbe kann man von der ganzen Einrichtung der Nebenbetriebe sagen, denn das wirtschaftliche System wird überall den Vorzug verdienen [2] [3] [4].

2. Die Arbeiter.

1. Der Zustand der Fabriken. Ein genügender Lohn und eine gesunde Fabrik sind die ersten Wünsche eines Arbeiters. In dem zweiten Stück loben die Fabrikinspektoren die gesundheitlichen Einrichtungen der Regie. In dem Berichte der Gewerbeinspektoren 1892 (S. 85, 146) werden die ausgezeichnete Lüftung und die Sicherheitseinrichtungen der grossartigen Hainburger Fabrik erwähnt. In Klagenfurt sind nicht nur die Bestimmungen des Fabrikgesetzes sorgsam ausgeführt, sondern auch kleine, weitere Vergünstigungen gewährt; so haben z. B. die Zigarrettenmacherinnen einzelne Stühle statt langer Bänke. Nach den Mitteilungen für 1894 sind versuchsweise Spucknäpfe gegen

---

[1] Von der Ausdehnung der Arbeit in den Nebenbetrieben können wir nur ein oberflächliches Bild geben, indem wir einige der wichtigsten Maschinen nennen: die Zirkular- und Handsägen, die Drehbanken, die Hobrmaschinen, die Zinkenmaschinen, die Papierschneide- und Nähmaschinen, die autographischen und Ballenpressen, die Klammerbefestigungs- und Pappendeckelmaschinen. Solcher Maschinen gibt es allein 558.

[2] In den Verhandlungen des Tabakvereins Mannheim und des deutschen Tabakvereins, Abteilung V, 1893 (S. 17), sagt der Generalsekretär des letzten Vereins: „Ich erinnere nur daran, dass über 100 lithographische Anstalten mehr oder minder für die Tabakindustrie beschäftigt sind" — 30 und mehr von diesen Häfern ausschliesslich für diese Industrie, und unter diesen sind viele, die bis zu 500 Arbeitern zählen." (!)

[3] Viele Regiebeamten geben aber zu, dass Etiketten bei den mittleren Preislagen zwar im Inlande überflüssig, aber zweifellos bei der Ausfuhr sehr nötig sind.

[4] Nominibus mollire licet mala, sagt Marx (Kapital, 15. Kap. § 6), wo er von einem ähnlichen Gegenstande — Maschinen und Industrie — spricht. Es ist hier nicht der Ort, die Anwendung dieses Ausdrucks zu kritisieren und die Wirkung der Wirtschaftlichkeit in der Produktion auf die sozialen Verhältnisse zu erörtern. Doch wenn, um Prof. Marshalls Worte zu gebrauchen (Principles, 2. Aufl., S. 324), the aim of such (machinery) is man's welfare, so ist unser Satz nicht schwer zu beweisen. S. auch Philippovich, S. 130 ff., und Wagner, Spez. St.-Lehre S. 83: „Versorgung des Bedarfs mit möglichst geringem Kraftaufwand als Ziel richtiger volkswirtschaftlicher Entwicklung."

die Verbreitung von Infektionskrankheiten in einzelnen Fabriken eingeführt und in fünf Fabriken (136) Respiratoren für die in einer Staubatmosphäre beschäftigten Arbeiter angeschafft, sowie in der Rauchtabakfabrikation hie und da eine Entstaubungsabteilung. Ausserdem sind den Arbeitern, die wegen ansteckender Krankheiten in ihrem Hausstande nicht zur Arbeit kommen dürfen, Kontumazgelder zugesichert.

Die allgemeinen Arbeitsverhältnisse sind auch befriedigend. Arbeiter und Arbeiterinnen sind gänzlich getrennt, was ja leicht ist, da nur wenig Männer angestellt sind. Die Aufsichtsperson ist bisweilen eine Frau. Für die Sittlichkeit der jungen Arbeiterinnen (Anfängerinnen) ist insofern gesorgt, als sie getrennt von den älteren Frauen arbeiten.

Solche Zustände entspringen vielfach dem einheitlichen Verordnungssystem, obgleich sie natürlich auch mehr oder weniger von dem Charakter der Fabrikoberbeamten abhängen.

Der Verfasser hat das Habannazigarrenmagazin und fünf Fabriken, darunter die Hainburger, besucht und überall die grösste Ordnung und die peinlichste Sauberkeit gefunden. Schon 1857 schrieb Plenker: „Selbst Fachleute des Auslandes haben den österreichischen Fabriken das Zeugnis einer musterhaften Einrichtung nicht versagen können." Nach gedruckten und mündlichen Berichten wie nach meiner eigenen Beobachtung gehören die Regiefabriken zu den befriedigendsten in Oesterreich.

Ein erschöpfender Vergleich mit den reichsdeutschen Tabakfabriken ist hier nicht angängig. Es muss indessen zu Gunsten der letzteren bemerkt werden, dass die älteren „klassischen" Berichte über ihre Zustände in sehr vielen Punkten unzutreffend geworden sind. Die Verordnung vom 9. Mai 1888 hat entschieden eine gute Wirkung gehabt, wie ein Vergleich der älteren und neueren Berichte der Fabrikinspektoren zeigt [1]. (Vgl. namentlich Baden und Preussen.) Doch sind die Zustände noch längst nicht überall befriedigend oder gar denen der österreichischen Fabriken gleich; das kann man in so kurzer Frist kaum erwarten. Das deutsche Tabakfabriksystem hat indessen, wie es scheint, einen unheilbaren Fehler: seine vielen Kleinbetriebe. Ihre oft ungenügende finanzielle Fundierung (Wörishoffer für Baden a. a. O., 1891, S. 151) gestattet ihnen oft keine gehörige Betriebsform (Geschlechterteilung), bisweilen auch keine ordentlichen Fabrikeinrichtungen [2] (Beleuchtung, Heizung, Trennung von Arbeits- und Vorratsräumen u. 3.). Das in Sachsen verbreitete Verlagssystem erhält ferner die alten Zustände, wie die ungeordnete Hausindustrie überhaupt. Und im allgemeinen werden bei einer Privatindustrie, in der der Wettbewerb so scharf ist wie im Tabakbetrieb, stets viele Unregel-

---

[1] Beispielsweise heisst es in dem Berichte aus Baden für 1888: „In der Zigarrenfabrikation sind alle ungünstigen Einflüsse der Fabrikarbeit überhaupt vereinigt — dicht besetzte Räume, Ausdünstung und Staub des Tabaks, Zusammenarbeiten der Geschlechter, geringer Verdienst." Nach dem Bericht für 1893 ist dagegen alles mit Ausnahme der Lohnhöhe günstig.

[2] Vgl. Soz.-pol. Zentralbl., 1894/95, S. 286. Nach der Bundesratsbestimmung von 1888 soll die Höhe des Fabrikraums und der Raum für die Person wenigstens 3 m und 10 cbm betragen; in Oesterreich aber (nach Mitteilung der Zentraldirektion) sind diese 4 m und 10 cbm.

mässigkeiten vorkommen, die unter einer Regie nicht gut geschehen könnten[1][2]); die Tabakfabriken des Deutschen Reiches werden daher im ganzen nicht auf der Höhe der österreichischen stehen.

Auch die Arbeitszeit ist in Oesterreich erträglich, ja günstig zu nennen. Im Deutschen Reiche bilden 10—12 Stunden eine Tagesarbeit; in Oesterreich ist die höchste Stundenzahl 10, doch kommen 9 Stunden häufig vor.

Arbeitszeit in den verschiedenen Betrieben:

Betrieb für	Zahl der vorhandenen Fabriken	Fabriken mit 9stündiger Arbeitszeit
Zigarren	28	4
Zigaretten	19	1
Rauchtabak und Gespinste	19	2
Schnupftabak	5	2
Werkstätten	28	6
Andere Vorrichtungen	28	12
Einlösungsämter	3	3

Im Habannazigarrenmagazin ist 7stündige Arbeitszeit.

Mit dem Neunstundentage (dem Minimum in Oesterreich) gibt die Regie, soweit es geht, ein gutes Beispiel, doch da die Tabakarbeit meist Akkordarbeit ist, so ist dies kein sonderliches Verdienst[3]).

Die tägliche Arbeitspause beträgt 1 Stunde bis 1 Stunde 80 Minuten, durchschnittlich 80 Minuten. (Schriftliche Mitteilung der Regie.)

Ein anderer Vorzug der Regienarbeit ist ihre Ständigkeit. Die Entlassung eines Arbeiters ist hier ein ernstes Ding, ja „die schwerste Strafe unter der Regie," denn sie bedeutet den völligen Ausschluss von jeder Beschäftigung als Tabakarbeiter in Oesterreich. Deshalb wird auch niemand entlassen ohne ausführlichen Bericht der Gründe an die Aufsichtsbehörden. Darin liegt zweifellos eine gewisse Gewähr gegen willkürliche Entlassungen.

Doch noch andere Ueberlegungen fesseln den Arbeiter an die Regie: sein Anteil an der Alters- und Invaliditätspension, der gute Zustand der

---

[1]) Preussen verbietet das Zusammenarbeiten der Geschlechter in Fabriken, die weniger als 10 Arbeiter beschäftigen. Vgl. im allgemeinen hierüber: Sombart, Die deutsche Zigarrenindustrie. Archiv f. soz. Gesetz. u. Stat., 1889, S. 113.

[2]) Vgl. die verschiedenen Fabrikberichte über ungesetzmässiges Zusammenarbeiten der Geschlechter, Beschäftigung von Kindern unter 14 Jahren u. a. Ein Beispiel: In dem Darrenraum einer Fabrik war eine Frau beschäftigt, 65 Jahre alt. Stand und Dunst war derart, dass den Aufsichtsbeamten der Aufenthalt darin unmöglich war. Die Abstellung dieses Uebelstandes war ohne Mitwirkung der Polizei nicht zu erreichen. (Bericht der königl. preuss. Gew.-Räte, 1891, S. 121).

[3]) Im Deutschen Reich haben die längeren Arbeitsstunden oft verschiedene Bedeutung, weil viele verheiratete Frauen beschäftigt sind und diese Akkordarbeiterinnen oft spät (manchmal um 8 Uhr) anfangen und früh weggehen dürfen. Die 10—12 Stunden bezeichnen eher nur die Zeit, wo die Fabrik offen ist. Dieser Brauch, der besonders in Baden und Sachsen vorkommt, erscheint für verheiratete Frauen als ein Vorteil gegenüber dem Regiebetriebe, doch könnte er dort ebensogut eingeführt werden.

Fabriken und ferner besondere günstige Bestimmungen wie die, dass ein kranker Arbeiter nach seiner Genesung wieder Arbeit erhalten, oder wenn dies nicht geht, sein Krankengeld so lange weiter beziehen soll, bis er Beschäftigung findet.

Die besondere Art dieser ständigen Beschäftigung gestattet daher kaum einen Vergleich mit Privatbetrieben. Dagegen lässt die Frage nach der Gleichmässigkeit der Arbeit einen Vergleich zu. In Oesterreich betrug die durchschnittliche Zahl der Arbeitstage im Jahr 295—296, also mehr wie im Deutschen Reich, wo sie zwischen 225—300 schwankt.

2. **Alter und Krankheiten.** In gewissem Grade zeugt das Alter der Arbeiter für die allgemeinen guten Einrichtungen der Regie; da der Regel nach nur solche Arbeiter angestellt werden, die gesund sind und „eine unter normalen Verhältnissen wenigstens 20jährige Diensttauglichkeit erwarten lassen"[1]), so ist ein Vergleich mit der Sterblichkeitsrate, dem Alter u. ä. bei den deutschen Tabakarbeitern, unter denen Personen sind, die aus Alter und Gebrechlichkeit zu keiner andern Arbeit taugen, nicht zulässig. Doch sind einige Zahlenangaben ganz interessant.

Nach der allein brauchbaren Erhebung von Wörishoffer (a. a. O. S. 42), die 37 Fabriken mit 3971 Arbeitern umfasst, herrscht vielfach die Ansicht, dass wegen der Qualität der Arbeit und des zurückgehenden Verdienstes, Arbeiter von 40—50 Jahren nicht gern in den Fabriken gesehen würden. Mag dies für Baden richtig sein, nach den Aussagen verschiedener Fabrikanten gilt es in Sachsen nur so weit, als die Fabrikanten einen geeigneten Nachwuchs von Arbeitern zu erhalten suchen, und in Oesterreich trifft es aus den genannten Gründen nicht zu. Von den 3971 Arbeitern bei Wörishoffer waren 8,39% über 40 Jahre, von den 33,000 österreichischen 28,3% und von den 133 Aufsehern gar 62,3%. Die Berufsstatistik vom Jahre 1882 gibt 4,2% Tabakarbeiter über 50 Jahre; in Oesterreich sind 8,8% so alt.

Entscheidet das Alter für die Güte der Beschäftigung, so steht die Regie nach den folgenden Tabellen in gutem Lichte da. Da das 35. Lebensjahr gewöhnlich als der Wendepunkt in der Geschicklichkeit der Arbeiter, besonders der Zigarettenmacher angesehen wird, so ist dies in der 2. Tabelle als Grenze angenommen.

I.

Alter der Arbeiter und Diener, Anfang 1893.

Alter	Männer	Frauen	Zusammen (%)
81	2	1	3 (0,09 %)
70—78	25	97	122 (0,39 %)
60—70	167	635	802 (2,5 %)

---

[1]) Dies wird so streng gehandhabt, dass die Vorschrift bestimmt: „Arbeiter können eine Zeitlang probeweise oder provisorisch in Verwendung stehen, nämlich für 1 Jahr. Während dieses Jahres findet zweimal (am Anfang und Ende) ärztliche Untersuchung statt. (22. Aug. 1893.)

Alter	Männer	Frauen	Zusammen (%)
50—60	387	1,921	2,308 (7%)
40—50	754	3,866	4,620 (14%)
30—40	1107	6,727	7,834 (24%)
20—30	776	11,272	12,048 (37%)
14—20	179	5,178	5,357 (16%)
		Insgesamt	33,094 (100%)

Diese 33,094 schliessen einige Mitglieder der Magazine ein.

II.

Einteilung der Arbeiter nach Altersklassen,
auf je 100 der beschäftigten kommen:
in der Zigarrenerzeugung:

Art der Arbeiter	36—60 Jahre	über 60 Jahre	über 36 Jahre
Aufseher . .	50	9	59
Arbeiter: M.	50	9,2 } 2,3	} 32,7
Fr.	30	2,2	

in der Zigarettenerzeugung:

Aufseher . .	33	—	33
Arbeiter: M.	32,6	0,08	} 4,3
Fr.	3,8	—	

in den Rauchtabak- und Gespinstfabriken:

Aufseher . .	50	13,5	63,5
Arbeiter: M.	45,5	1,8	} 41,7
Fr.	39,1	1,1	

in den Schnupftabakfabriken:

Aufseher . .	100	—	100
Arbeiter: M.	60	10,4	} 63,2
Fr.	47,5	5,8	

in den Werkstätten u. s. w.:

Aufseher . .	61,1	14,4	75.2
Arbeiter: M.	39	3,9	} 37,1
Fr.	26,4	1,5	

Ueberhaupt waren von je 10,000 Arbeitern (absolute Zahlen in Klammern):

Art der Arbeiter	36—60 Jahre	über 60 Jahre	über 36 Jahre
Aufseher	57.1	3.5	69.6
Arbeiter: M.	982.4	3.9	9734.1
Fr.	8558.5	154.1	

In Baden kamen auf 10,000 Arbeiter 568 Frauen und 267 Männer zwischen 40 und 60 Jahren.

Unter den Arbeitern scheint keine bestimmte Krankheit vorzuherrschen. Dieser Umstand lässt den Schluss zu, den die Berichte der Fabrikärzte machen, dass die Krankheitsgründe in den äusseren Bedingungen liegen (mangelhafte Ernährung und Bekleidung, unzweckmässige Zubereitung und Form der Speisen u. ä.)[1]. Die Regiefabriken zeigen in hygienischer Beziehung oft bessere Verhältnisse als andere Gewerbebetriebe an demselben Ort. Da eine umfassende Statistik der Krankheiten fehlt, geben wir die gängigsten in Prozenten aller 19,504 Erkrankungen für das Berichtjahr 1894.

Entbindungen . . . . 21,9 Krankheiten d.Blutes u.mehrseitzige 10,2
Krankheiten d.Verdauungsorgane 18,1 „ des Nervensystems . 4,2
Infektionskrankheiten . . . . 16,5 „ der Harn- und Geschlechtsorgane 2,9
Krankheiten der Atmungsorgane 10,0
Diese zusammen 83,8.

Anlass zu besonderem Tadel findet sich hier kaum.

3. **Lohnverhältnisse.** Hier ist zunächst eine wichtige Vorschrift zu erwähnen, die auf den Regievorschriften lastet und einen Anstrich von kommunistischer Gesetzgebung hat; sie dürfen sich zwar einer Arbeitsorganisation anschliessen, aber keine unter sich selbst bilden. Die Härte dieser Massregel wird etwas dadurch gemildert, dass das stark vertretene weibliche Element der Arbeiterschaft sich wenig für eine Vereinigung eignet, und dass für eine Kranken- und Unfallversicherung schon gesorgt ist. Doch der Grundsatz bleibt: die Regie will in keinem Stück gezwungen sein. Sind Beschwerden da, so ist die persönliche Bitte der einzige Weg zu den Behörden. Wir fällen kein Urteil über die Berechtigung dieser Massregel, müssen aber sagen, dass sich die Aufmerksamkeit schon früher auf die Regielöhne gerichtet hätte, wenn in den letzten 20 Jahren eine Arbeiterorganisation bestanden hätte.

[1] Die Gleichmässigkeit der Zahl der Krankheitsprozente stützt die Ansicht, dass die Arbeitsbedingungen hier nicht verwirrend eingreifen. Auf je 100 Arbeiter kommen (1894):

Altersklasse	Erkrankungen	Todesfälle
bis zu 25 Jahren	46	2,8
25—35 „	45	3,8
35—45 „	46	3,2
45—55 „	41	3,2
55—65 „	48	3,2
65—75 „	55	4,9
über 75 „	44	18,1

Die Löhne zerfallen in drei Klassen: Wochen-, Tage- und Gedinglöhne. Die letzten überwiegen, da sie, wo es geht, angewandt werden. 1893 wurden 95% (19,280) der Tabakarbeiter nach diesem System bezahlt; 5% (1539) erhielten Tagelohn, und ausser den Aufsehern nur eine verschwindend kleine Anzahl (14) Wochenlohn.

Nach einem Berichterstatter in der österreichischen Gewerbeenquete von 1893 (S. 946) ist die Lohnfestsetzung keineswegs freigebig. Er sagt: „von den Tabakfabriken kann ich nicht rühmen, dass man dort viel humaner sei als in den andern Fabriken. In der kaiserl. Fabrik soll vor kurzem die Arbeitszeit auf 9 Stunden herabgesetzt sein. Ich habe keine Beweise, dass dies wahr ist, aber ich weiss, dass in Stein u. s. w. durch 10 Stunden gearbeitet wird, und als in Stein die Arbeiterinnen an den Fabrikdirektor um eine Lohnerhöhung herantraten, — denn sie hatten 60 kr. pro Tag . . . da bekamen sie 3 kr. Erhöhung, aber die Arbeitszeit wurde auf 10½ Stunden verlängert." (Die Tabellen für 1893 geben indessen für Stein nur 10 Stunden an.)

Tagesverdienst für 1893 (in Kreuzer):

Lohnart	Arbeiter	Zigarrenerzeugung	Zigarettenerzeugung	Rauchtabak und Gespinst	Schnupftabak	Werkstätten	Andere Verrichtungen
Wochenlohn	Aufseher	86—167	71—158	71—167	100—158	71—150	85—167
	Männer	86—114	100—107	93—93	—	71—200	64—150
	Frauen	79—93	—	79—79	—	—	—
Tagelohn	Männer	45—120	46—126	45—136	40—90	40—210	25—175
	Frauen	40—124	50—116	38—82	50—60	50—90	25—90
	Anfängerinnen	20—72	34—77	35—40	40—40	35—70	35—40
Gedinglohn	Männer	39—155	70—200	32—169	60—141	36—225	55—190
	Frauen	30—146	41—115	37—107	47—82	50—114	52—80
	Anfängerinnen	20—72	22—77	20—63	—	30—80	—

Tagesverdienst 1894:

Durchschnittlich:
  bei Wochen- und Tagelohn: Männer: 83,5 kr.
                            Frauen: 61,3 „
  bei Gedinglohn: Männer: 90 „
                            Frauen: 65,3 „
Ueberhaupt verdienten durchschnittlich: Männer: 85,5 kr.
                                        Frauen: 65,0 „

Diese Statistik, die einzige brauchbare, gestattet keinen genauen Einblick in die Stückarbeit. Ein befriedigender Vergleich mit den reichsdeutschen Löhnen ist nicht angängig [1]). Doch der Durchschnitt von 65 kr. für Frauen, von 85 kr. für Männer, ist ungenügend zu nennen.

---

[1]) Die geringe brauchbare Statistik für das Deutsche Reich findet sich bei: Sombart Die deutsche Zigarrenindustrie (Archiv f. Gesetzg. u. Stat., 1889, S. 111); Wörishoffer, Die soz. Lage der Zigarrenarbeiter im Gr. Baden, 1890; Lohnstat. Untersuchungen in der Zigarrenfabrikation u. s. w. (Zeitschrift d. königl. sächs. stat. Bureau, 1892, S. 161); Geschäftsberichte der Berufsgenossenschaften; der Tabaksteuerentwurf 1893. Der Jahresdurchschnittslohn der

Doch können wir einiges allgemein vergleichen. Der Mindestlohn der Regie für Frauen ist 30 kr. den Tag, für Männer 46 kr., der Höchstlohn 146 und 169 kr. Jener Mindestlohn ist so niedrig wie bei den Textilarbeitern in Schlesien und den Webern in Nordböhmen — Industrien, die durch ihre schlechten Löhne bekannt sind. Der Höchstlohn mag besser sein als in den angeführten Industrien; doch bleibt er noch unter dem der Hanfarbeiter (1,80 fl.) und bei den Frauen unter dem Durchschnitt für ganz Oesterreich (1,50 fl.).

Vergleich der Lohnsätze für den Tag (in Kreuzer):

Bezeichnung der Arbeiter	Mindestlohn	Höchstlohn
Regiezigarettenarbeiter 1893	30	155
Deutsche Zigarrenarbeiter (Enquete 1878)	30	350
Regietabakarbeiter überhaupt 1893 Männer	32	169
Frauen	30	146
In böhmischen Fabriken 1885[1]	30	70
" " Baumwollfabriken	40	110
" " Wollenfabriken	45	120
" " Hanffabriken	55	180
Schlesische Textilarbeiter 1885 Männer	48	117
Frauen	30	59
Oesterreichische Arbeiter überhaupt 1890[2]	60	150

Diese Statistik stellt trotz ihrer allgemeinen Natur den Regielohn in ein ungünstiges Licht, besonders wenn man bedenkt, dass hier der Lohn der Frauen den Ausschlag gibt.

In dem Steuerentwurf von 1893/94 werden die Löhne der reichsdeutschen Tabakarbeiter wie folgt berechnet:

bei Zigarren-Erzeugung 4—15 M. das Tausend,
„ Zigaretten-   „   1,80   „   „
„ Rauchtabak-   „ 12—14 „   . 100 kg,
„ Kautabak-   „ 45—60 „   „   „   „
„ Schnupftabak-   „   6—8   „   „   „   „

Nach Wörishoffer ist 5 M. für das Tausend Zigarren der niedrigste zum Leben erforderliche Lohn (Living wage) (4 M. scheint nur im bayrischen Oberlande vorzukommen) und nach Nachfragen bei Tabakhändlern sind 8 M. fürs Tausend der Durchschnittslohn bei den billigen und billigsten Sorten.

Im Jahre 1893 bezahlte die Regie an Lohn- und Fabrikationskosten 7,806,825 fl.[3]. Berechnen wir nun ihre Produktionskosten nach den niedrigsten

---

Berufsgenossenschaften ist aber, wie v. Mayr sagt, „unbrauchbar, ersteus wegen Einstellung der anrechnungsfähigen Löhne und zweitens wegen Mangels einer Feststellung des mittleren Jahresbestandes an Arbeitern.

[1] Nach Rec. d. Rapports Autriche S. 12—18. Paris 1800.
[2] Nach Tabellen zur Währungsstatistik. S. 337. Wien 1893.
[3] Die Löhne allein etwa 6,400,000 fl.

deutschen Löhnen für dasselbe Jahr, nämlich: bei Schnupf-, Kau- und Rauchtabak 6, 12 und 45 M. für 100 kg, bei Zigaretten 1,50 M. für 1000 Stück, und, da die Maschinenverwendung in Oesterreich mehr stattfindet als in Deutschland, und um einen niedrigeren Satz zu nehmen, 7 Pf. für 100 Zigarren, so müssten die Lohnauslagen allein 8.017,861 fl. oder etwa 200,000 fl. mehr als die „Löhne und Fabrikationskosten" betragen. Selbst wenn man den Lohn bei Zigarren auf 6 M. fürs Tausend annimmt, kommen 7.347,271 fl. heraus. Daraus ergibt sich nun der eine Schluss, dass die österreichische Regie beträchtlich schlechtere Löhne zahlt als die reichsdeutschen Tabakfabrikanten. Beachtet man, dass die Löhne, die in Deutschland, besonders im Süden mit seiner ausgedehnten Tabukindustrie gezahlt werden, gegenüber anderen Industriezweigen zu den niedrigsten im Deutschen Reiche gehören (Enquête von 1878, und Wörishoffer), dass sie keine irgendwie befriedigende Lebenshaltung gestatten (Sombart), so ist jener Schluss doppelt ernst. Man kann sich die niedrigen Löhne nur erklären aus der reichlichen Beschäftigung von Frauen, deren 40 % 25 Jahre und jünger, 25 % 21 Jahre und jünger sind, und aus der Neigung der Arbeiterinnen, in den Regiedienst zu treten, weil die Fabrikzustände dort gut sind, die Arbeit regelmässig ist, eine befriedigende Krankenunterstützung u. a. gezahlt wird. Da aber so niedrige Löhne, wie vielfach ausgeführt wurde, die Sittlichkeit der Frauen gefährden, so thut die Regie, d:e sie beibehält, nicht ihre Pflicht.

Dies ist sicher ein harter Schluss, der aber, wenn man ihn auch anfechten mag, durch unsere Statistik gerechtfertigt erscheint. Krönkel selbst (1878, S. 32) gibt dies mittelbar zu, wenn er neben dem niedrigen österreichischen Lohn von 134 fl.[1]) jährlich den Durchschnittslohn der französischen Regie von 235 fl. jährlich stellt. Das zeigt zugleich, dass niedrige Löhne keine notwendige Folge der Regie sind.

4. **Wohlfahrtseinrichtungen.** Als günstige Züge kommen bei verschiedenen Anstalten zum Wohle der Arbeiter in Betracht. Die Tabellen (1893, S. 29) sagen: „Nebst der Gewährung ausreichender (?) Löhne hat die Verwaltung der Tabakregie von jeher ihre Sorgfalt darauf gerichtet, dass den Arbeitern in schwierigen Lebensfällen Hilfe und Unterstützung zu teil werde. Zu unterscheiden sind hier die Versicherungsanstalten — Kranken-, Unfall- und Altersversicherung — und die Wohlthätigkeitsanstalten.

Kranken- und Unfallversicherung. Nach einer Anordnung von 1825 bestehen bei sämtlichen Tabakfabriken organisierte Krankeninstitute, deren Einrichtung nach dem Gesetze vom 30. März 1888 (R.G.Bl. W. 33) umgestaltet wurde. Der älteste Krankenverein besteht in Hainburg schon seit 1784. Im Jahre 1893 beteiligte sich das Tabakgefäll an dieser Kranken- und Unfallversicherung und bestritt nun fabrikärztliche Honorare[2]), Lohn des Krankenvaters[3]), Verwaltungsauslagen der Krankeninstitute, die vollen Unfallsprämien

---

[1]) Die Zunahme der Zigarren- und Zigarettenerzeugung mit ihrer Handarbeit hat eine Lohnsteigerung seit 1872 bewirkt. Der Durchschnittsjahresverdienst des Arbeiters war 1894 192 fl.
[2]) Die Regie bezahlt das Honorar der Fabrikärzte, deren wenigstens einer bei jeder Fabrik ist, im ganzen zur Zeit 12.
[3]) Die Krankenväter sind zugleich Vermittler zwischen Krankeninstituten und Arbeitern, Kontrolleure über Krankheiten u. a.

und gewisse Beiträge zur Krankenkasse. (Siehe das Arbeiterunfallversicherungsgesetz vom 28. Dezember 1887.)

Alle Institutsmitglieder, d. h. alle Arbeiter und Diener erhalten im Erkrankungsfalle unentgeltlich ärztliche Hilfe, die erforderlichen Medikamente, allenfalls auch sonstige Erleichterungen, wie Bäder u. s. w., und ein Krankengeld (S. 64—65). Dann beim Ableben eines Institutsmitgliedes wird an die Hinterbliebenen ein Leichenbestattungsbeitrag bezahlt. Die meisten Institute können Mitgliedern, die vorzeitig arbeitsunfähig wurden, Abfertigungen und den Invaliden Zulagen aus ihrer Kasse gewähren. Die ausgedehnte Thätigkeit der Regie erkennt man aus den folgenden Tabellen. Danach zahlt die Regie zu je 100 fl., die von Arbeitern an die Krankenkasse gezahlt werden, 64 fl., — ein höherer Betrag als ihn irgend eine gesetzliche Arbeiterversicherung gibt; auch die bedeutenden Unfallversicherungsprämien wurden von ihr getragen.

Die Anzahl der Mitglieder der Institute war 34,891, nämlich 33,088 Aktive (Arbeiter und Diener) und 1803 Almosisten und Invaliden.

Krankenversicherungsauslagen 1893 (in Gulden):

Von Mitgliedern	Vom Aerar					
	Beitrag	Aerztliches Honorar	Lohn des Krankenvaters	Verwaltungskosten	Kontumaz-Auslagen	Im ganzen
134,154	65,889	8900	10,889	179	182	86,039

Die Thätigkeit der Versicherungsanstalten wird sich aus folgender Statistik ergeben[1]) (die eingeklammerten Zahlen sind aus dem Jahre 1894):

	Krankheitsfälle	Wöchnerinnen	Sämtliche Mitglieder
Absolute Anzahl ohne Ambulanten		4123	23,976
Auf je 100 jeder Kategorie		13.7 (14,5)	68,8 (62,8)[2])
Krankheitsdauer (Arbeitsverlust) in Tagen:			
Auf die einzelne Krankheit		28,4	18,4
„ „ „ „ (ohne Entbindungen)		—	11,3 (9,8)[2])
Im ganzen		117,124	470,354

[1]) Vgl. die „Tabellen" 1893. Stat. Monatsschrift, 1893, S. 226.
[2]) Dasselbe für 1871—75   58,6   12,3 Tage
                1876—80   52,9   15,4 „
                1881—85   52,7   13,9 „
                1886—90   58,3   11,5 „

1893.
(1894 in Klammern.)

Einnahmen.　　　　　　　　Ausgaben.

Krankeninstitute:

Einnahmen	fl.	Ausgaben	fl.
Beiträge der Mitglieder	134,154	Krankengelder	147,389
Beiträge des Aerars	65,889	Aerzte und Krankenwärter	21,431
Strafgelder u. s. w.	2,049	Medikamente u. s. w.	26,480
Zins, Kursgewinn u. s. w.	28,171	Spitalverpflegung und Transport	3,859
		Beerdigungskosten	7,829
		Verwaltung, Kursverluste	1,142
		Dotation an den Unterstützungsfonds	10,785
	230,263		218,924
	(247,378)		(215,580)

Unterstützungsfonds:

Einnahmen	fl.	Ausgaben	fl.
Freiwillige Beiträge der Mitglieder	19,900	Almosen u. Invalidenzulage	24,119
Dotation aus der Krankenkasse	10,904	Medikamente u. s. w.	631
		Leichenkostenbeiträge	1,908
		Ausserordentliche Unterstützungen	1,757
		An das Institutsvermögen	2,432
	30,844		30,844
	(35,270)		(35,270)

Das jährlich wachsende Institutsvermögen betrug am Ende des Jahres 1893 615,184 fl. (1894 646,988).

Die durchschnittlichen Kosten eines Krankentages im Jahre 1893 betrugen 47 kr. (43) und verteilen sich wie folgt:

Krankengeld . . 31 kr. (31)　　Medikamente . . . 5 kr. (6)
Aerztliche Hilfe . 4 kr. (5)　　Spitalverpflegung . . 7 kr. (1)
　　　　　　Zusammen 47 kr. (43)

Die Durchschnittskosten eines Sterbefalles betrugen 19,54 fl.[1]).

Die Unfallversicherung. Jeder von einem Betriebsunfall betroffene Arbeiter erhält von der Regie ein Krankengeld (50% des Lohnes) und die Heilkosten; wird er erwerbsunfähig, so empfängt er einen täglichen Versorgungsbeitrag.

---

[1]) Anzahl der Verstorbenen:
1871—75　329 oder 1,5% der Mitglieder.
1876—80　318 „ 1,4 „　„　„
1881—85　338 „ 1,4 „　„　„
1886—90　430 „ 1,5 „　„　„
1893　　　395 „ 1,2 „　„　„

Seit 1889 sind die Tabakfabriken den territorialen Arbeiterunfallversicherungsanstalten angegliedert (Gesetz von 1887)[1]). Die 10% der Versicherungsbeiträge, die auf die Arbeiter entfallen, bestreitet das Aerar. — Die Gefahren beim Regiebetrieb sind so gering, dass für ihn seit dem 1. Januar 1895 eine neue Unterklasse (mit den Gefahrenprozenten 3 und 4) eingerichtet wurde.

Wirksamkeit der Unfallversicherung 1894:

Zahl der Versicherten	32,606
Versicherungsbeiträge	21,356 fl.
Unfälle	17, darunter
mit vorübergehender Erwerbsunfähigkeit von mehr als 4 Wochen	14
mit dauernder teilweiser Erwerbsunfähigkeit	1
„ „ gänzlicher „	2
„ tödlichem Ausgange	0

Altersversorgung. Nach der Allerhöchsten Entschliessung vom 7. März 1835 erhielten Arbeiter, die bei den kaiserl. königl. Tabakfabriken wenigstens 15 Jahre ununterbrochen gedient hatten, im Falle ihrer Erwerbsunfähigkeit bei nachgewiesener Armut lebenslängliche Bezüge unter dem Namen „Almosen", welche sich nach 25- und 30jähriger Dienstzeit erhöhten. Diese Bezüge, die durch Entschliessung vom 25. Oktober 1891 neu geordnet und etwas erhöht wurden, erhielten, nachdem das Erfordernis der Mittellosigkeit weggefallen war, die Bezeichnung „Invalidenbezüge".

Nach dem Beilageblatt zum Verordnungsblatt des Finanzministeriums vom 4. Dezember 1891 betragen die **Invalidenbezüge für den Tag** (in Kreuzern):

Dienstzeit in Jahren	Aufseher	Arbeiter	Arbeiterin
15—20	18	16	12
20—30	21	18	14
30—40	25	21	17
40	30	24	20

Einen weiteren Betrag von 2—20 kr. beziehen die Dienstunfähigen aus dem Unterstützungsfonds des Krankeninstitutes. Diese Beträge beliefen sich 1894 auf 28,138 fl.

Die 1641 Almosisten und Invaliden bezogen Ende 1894 nicht weniger als 102,332 fl.

Andere Wohlfahrtseinrichtungen. Die Versuche der Regie, auch in anderer Weise das Los der Arbeiter zu erleichtern, haben ein nicht unbefriedigendes Resultat gehabt. Die Würmküchen bei 24 der 28 Fabriken geben denen, die wegen weiter Entfernungen oder unfreundlichen Wetters

---

[1]) Nach diesem Gesetz werden 60% des Lohnes bei gänzlicher, 50% bei teilweiser Erwerbsunfähigkeit gezahlt. Im Todesfalle werden die Begräbniskosten und 15% für jedes Kind gezahlt, doch darf die Gesamtsumme höchstens 50% betragen.

nicht nach Hause gehen können, Gelegenheit, ihre Speisen zu wärmen. Bei sechs Fabriken bestehen ausserdem Suppenanstalten[1]), wo die Arbeiter ½ l Rind-, Nudel-, Gries- oder andere Suppe zum Selbstkostenpreis (3 kr.) erhalten. Zwei Wiener Fabriken verabreichen auch Fleisch zu 7—8 kr. die Portion (10½ Dekagramm Rohgewicht Fleisch, ½ l Gemüse, 15 Dekagramm Brot)[2]). Drei Fabriken besitzen Douche-, Wannen- oder Dampfbäder für ihre Arbeiter, elf haben Krippen, Kleinkinderbewahranstalten und Schulen, die vom Gefäll unterstützt werden.

Ein Muster der Kleinkinderbewahranstalten ist die Anstalt in Hainburg bei der grossen Hainburger Fabrik. Die Anstalt, geleitet von drei Nonnen, ist der angenehme tägliche Aufenthalt von 30—40 Kindern, deren Mütter in der Fabrik beschäftigt sind. Da werden die Kinder gut verpflegt; sie werden zu Spielen und Uebungen ins Freie geführt, und erhalten ausserdem geistlichen und weltlichen Unterricht. Dafür zahlen die Eltern einen kleinen Zuschuss von einigen Kreuzern für die täglichen Mahlzeiten, den Rest der Kosten deckt das Aerar; — im Jahre 1893 war dies 200 fl.

Auslagen der Regie für Humanitätsanstalten.

Wärmküchen bei 24 Fabriken: Einrichtung u. s. w.		134,012 fl.
	Erhaltung und Betrieb 1880—94	52.751 „
	1894	13,389 „
Suppenanstalten bei 6 Fabriken (Lohn, Beleuchtung):		
	1887—94	18,600 „
	1894	2,128 „
Bewahranstalten, Schulen u. a. bei 11 Fabriken 1894		4,215 „
Bäder 1894		1,613 „ [3])

Gegenwärtig sollen eingehende Erhebungen im Gange sein, um in die Wohnungsverhältnisse der Arbeiter bei allen Tabakfabriken einen klaren Einblick zu gewinnen, nach deren Ergebnissen ein Plan über den Bau von Arbeiterwohnungen entworfen werden wird. Nach den heutigen Aussichten wird die erste dieser Wohnungen binnen kurzem in Hainburg errichtet werden, wofür die Kosten auf 38,450 fl. veranschlagt sind.

Obwohl die Altersrente und das Krankengeld nicht so reichlich bemessen sind, wie man es von der Regie vielleicht erwarten sollte, so zeigt sich doch im ganzen bei den Fabrikvorschriften und den verschiedenen wohlthätigen Einrichtungen eine löbliche Thätigkeit, die man nicht überall sonst findet.

---

[1]) Vgl. Jahresbericht der kaiserl. königl. Gewerbeinspektoren, 1893, S. 291.

[2]) Bei der drohenden Choleragefahr 1894 wurde den Arbeitern gute sterilisierte Milch geliefert. Wo dies geschehen war, zeigte sich der gute Erfolg in der geringen Zahl der Erkrankungen des Blutes und der Verdauungsorgane.

[3]) Solche Einrichtungen finden sich freilich nicht nur unter Regiebetrieb. Fabrikanten im Deutschen Reich (Sachsen, Baden, Bayern) haben ähnliches (Sparkassen, Wärmküchen u. s. w.) eingerichtet, wenn auch in bescheidenerem Umfang. Frankreich ist hierin Oesterreich voran. Es gab 1893 für wohlthätige Einrichtungen aus: 78,003 Fr. (Crèches 13,430 Fr., Bibliothèques 468 Fr. u. s. w.), für Secours, Indemnités u. a. 101,547 Fr., für Service des retraites 940,318 Fr, zusammen 1,119,898 Fr.; denen in Oesterreich 109,037 fl. gegenüberstehen. Zieht man aber die Reineinnahmen beider Regien in Betracht, so fällt der Vergleich allerdings weniger ungünstig aus.

Nur die Höhe der Löhne ist ein wunder Punkt. Neuere Ereignisse in Oesterreich haben bewiesen, dass sich das Uebel bei allen unteren Klassen staatlicher Angestellter findet. Die gegenwärtigen Erörterungen im Reichsrate werden hoffentlich zu einer allmählichen Lohnerhöhung für die Tabakarbeiter und die anderen Staatsarbeiter führen.

4. Teil.
Der Verkauf.
1. Das Verschleisssystem.

Ein Hauptvorzug des Monopols ist das Verschleisssystem, das die Menge der Zwischenhändler, Reisenden u. s. w., und daneben die grossen Auslagen für Anzeigen und andere Lockmittel (Etiketten) und die Kosten prunkvoller Verkaufsräume beseitigt. Es ist in der That das einfachste und billigste Verkaufssystem [1]).

Die Generaldirektion sorgt in Sachen des Verschleisses nur für die Approvisionierung der Verschleissorgane und eine gehörige Lagerung und Konservierung der Fabrikate in den Verschleissstätten. Alles weitere untersteht den Finanzbehörden. Die Vorschriften für den Verschleiss stammen im allgemeinen von 1835 und geben in kurzen Zügen folgende Ordnung:

Vermittler zwischen der Regie und den Verbrauchern sind die Verleger und die Trafikanten.

Die Tabakverleger, die sich als Gefällskommissare in allen bedeutenderen Städten und Marktflecken befinden (für grössere Bezirke heissen sie Hauptverleger), vermitteln den Regieverkauf im grossen und pfundweise. Sie beziehen ihren Tabak entweder unmittelbar von den Fabriken oder aus den Magazinen, die in jeder Provinzialhauptstadt errichtet sind. Von ihren Verkäufen erhalten sie als Verdienst $1^{1}/_{2}\,^{0}/_{0}$.

Kleinkäufer — Trafikanten — gibt es zwei Arten: die einen erkaufen ihr Recht im freien Wettbewerb, die anderen besitzen sogenannte „Konzessionstrafiken". Diese bilden die Ausnahme und werden nur denen verliehen, die besondere Ansprüche auf staatliche Vergünstigungen haben, — „gedienten Beamten und Soldaten oder deren Witwen".

Die allgemeine Regel ist der freie Wettbewerb, eine der wichtigsten Aenderungen des Jahres 1835. Er tritt in Wirksamkeit bei der Vergebung aller wichtigen Verschleissplätze, d. h. aller, deren jährliches Bruttoeinkommen einen Mindestsatz überschreitet. Dieser Satz beträgt in Wien für die innere

---

[1]) In dem deutschen Tabaksteuergesetzentwurf von 1893 werden die Kosten des Tabakhandels in Prozenten des Verkaufspreises berechnet:
bei Zigarren billigster Sorte bis . . . . 66,7 %   bei Kautabak . . . . . 25—45 %
      „   „   von 4—6 Pf. Wert . .   38—66,7 „   „ Rauchtabak, billiger . . bis 37,5 „
      „   „   teurerer Sorten . . .   40—45 „   „   „   teurer Sorten „ 25 „
„ Zigaretten . . . . 25—75 „
In Oesterreich kommen nicht mehr als 12—15% heraus. Vgl. ferner: Drei Briefe nach Berlin über das Tabakmonopol, von Paul Dehn (München 1882). Der Verfasser veranschlagt die Preissteigerung, die der Tabak im Deutschen Reich durch den Privathandel erfährt, auf 94 Mill. M., die unter dem Monopol meistenteils in die Staatskasse fliessen würden.

Stadt 900 fl., für die Vorstädte 700 fl., für die Provinzialhauptstädte 500 fl., für die Kreisorte, sowie für Karolinenthal und Smichow in Böhmen 400 fl., für alle übrigen Orte 300 fl. (Erlass des Finanzministeriums vom 3. Mai 1860.) Die Gefällsverwaltung bestimmt die Zahl der Trafikanten. Die Lizitation erfolgt entweder als Minuendolizitation beim Grossverschleiss, wo es sich um die Provision, oder als Augmentolizitation beim Kleinverschleiss, wo es sich um den Pachtschilling handelt. Der Verkauf geht stets gegen Barzahlung oder Kaution. Als Geschäftsführer der Regie vereinigt der Trafikant nicht, wie es in Deutschland oft vorkommt, die Thätigkeit eines Händlers und eines Kleinfabrikanten, sondern er bleibt stets nur Verkäufer. Gewicht, Mass und Preis sind vorgeschrieben; die Fabrikate dürfen durchaus nicht (etwa durch Beizen, Mahlen, Spinnen, Zigarettenrollen) verändert werden. Seinen Verdienst findet der Trafikant, indem ihm die Regie einen Rücklass von etwa 9%, bei einigen wenigen Sorten von nur 2 oder 3°/o gewährt.

Im Jahre 1893 gab es 17 Verschleissmagazine, samt 34 Tabakfabriken und Steuerämtern, die als solche dienten.

Verleger gab es 981, Kleinverschleisser 76,192 oder 1 auf 320 Köpfe der Bevölkerung [1]). Von diesen waren 14% selbständige Trafikanten, 13°/o Haustrafikanten (Gastwirte [2]), Kaffeesiedler), 73% betrieben neben dem Tabakverkauf ein anderes Handelsgewerbe. Die selbständigen Trafikanten verkaufen nebenbei auch Stempel- und Briefmarken [3]), Lotterielose, Zigarrenspitzen u. dergl.

Eine besondere Fürsorge für die Trafikanten beweist der Staat nicht [4]). Die Thatsache, dass nicht selten Trafiken afterverpachtet werden, beweist immerhin, dass der Pachtschilling einen genügend verlockenden Ueberschuss zulässt.

Spezialitäten und Limitoverschleiss. Ein interessantes Stück des Verschleisswesens bilden die „Spezialitäten".

Aus erklärlichen Gründen kann der kleine Trafikant keine so reichliche Auswahl feinster Tabake vorrätig haben, wie die Nachfrage erfordert. Um allen Bedürfnissen gerecht zu werden, hat man als Abschluss des Verschleisssystems in den Kurorten und grösseren Städten „Spezialitätenläden" errichtet, wo solche Auswahl zu finden ist.

Diese Spezialitäten in der Zahl von 39 ergaben 1894 4% der gesamten Verschleisseinnahmen (durchschnittlich 89,000 fl. jeder Laden).

In gewissen Gegenden lässt die Regie auch bestimmte dort verlangte Rauch-, Schnupf- und Gespinsttubake, manchmal zu ermässigten Preisen verkaufen, eine Besonderheit, die sehr an das alte französische Zonensystem erinnert, nach dem die Preise zonenweise nach der Landesgrenze zu niedriger wurden.

Diese Abweichungen sind in der Hauptsache geschichtliche Ueberbleibsel aus der Zeit, wo das Monopol in jenen Gegenden eingeführt wurde; sie ver-

---
[1]) In Frankreich kam erst 1 auf 650 Einwohner.
[2]) Gesetz über den Verkauf in Gasthöfen u. s. w. 11. Dezember 1825.
[3]) Der Stempel- und Markenverkauf ist im Vergleich z. B. zum Deutschen Reich eine grosse Bequemlichkeit für das Publikum.
[4]) Da die Staatsmonopole nicht der industriellen Gesetzgebung unterstehen, so nehmen die Kleintrafikanten mit ihrem Recht, am Sonntag zu verkaufen, eine Sonderstellung ein. Die Unregelmässigkeiten, die sich aus dem Verkauf anderer Waren in demselben Geschäft ergeben, haben bis 1893 noch zu keiner endgültigen Regelung geführt.

mindern sich in den letzten Jahren — 1893 19 Tabaksorten, 8 Rauch-, 8 Schnupf- und 3 Gespinsttabake — und werden soweit möglich beseitigt werden. Ihr heutiges Bestehen hat zwei Gründe: einmal die besonderen Wünsche der Bevölkerung, z. B. beim Verkauf der besonderen Tiroler Rauchtabake in Tirol, so auch früher in Galizien, zum andern die Beseitigung der Versuchung zum Schmuggel (Grenzrauchtabake, türkischer Grenzrauchtabak).

Eine andere österreichische Besonderheit ist der Limitoverschleiss, eine österreichische Erfindung, die Frankreich und Italien nachgeahmt haben (Mohl)[1]. Hierbei werden gewisse Rauch- und Schnupftabaksorten bestimmten Klassen von Personen zu Ausnahmspreisen in beschränkter Menge verkauft. Gegenwärtig sind es dreierlei Limitoschnupftabake für Ordenspersonen, und dreierlei Limitorauchtabake für Militär und Marine und einige andere Berechtigte: Grenzwache, Gendarmerie, Kranke in den Militärspitälern und die Mendikantenklöster.

Der Limitorauchtabak wird entsprechend seinem Preise (in Oesterreich 4 und 4½ kr. für 107 g; in Frankreich 6 kr. für 100 g)[2] möglichst billig fabriziert, grob (oder gar nicht) geschnitten, besonders billig verpackt u. ä. Der Erlös daraus betrug 1894 etwas über eine halbe Million (514,672 fl.); in Frankreich aber über zweimal so viel (1893 2,413,000 Fr.). Der gesamte Limitoverschleiss in Oesterreich betrug 1894 517,667 fl.; in Frankreich 1893 2,911,400 Fr.

Mohl macht einige Einwendungen gegen den Limitoverkauf, besonders bei jungen Soldaten. Doch wird der Brauch wahrscheinlich bleiben, weil er, besonders bei den ärmeren Soldaten, sehr beliebt ist.

2. Der Verschleisstarif und der Konsum.

Der Regieverschleisstarif hat als Aufgabe sich so eng wie möglich an die Tabaknachfrage anzuschliessen, einerseits durch eine genügende Auswahl in den Tabaksorten (Form und Qualität), andererseits mit Rücksicht auf die örtlichen Einkommensklassen, durch passende Preisabstufungen. Tarif und Konsum stehen daher in enger Verbindung.

Ob der österreichische Tarif alle Ansprüche befriedigt, möchten wir kein Urteil wagen, wenn wir auch den Wunsch nach einer etwas reicheren Auswahl bei Zigaretten und nach einer kleineren Form für mehrere der billigeren Zigarren öfters gehört haben.

Zum Vergleich geben wir hier die Tarife der österreichischen und der französischen Regie für das Jahr 1893. Ausser den da gezählten Sorten befanden sich aber vielerlei ausländische Tabakfabrikate, die in vielen Orten des Inlandes je nach der Nachfrage zu etwas erhöhten Preisen verkauft werden.

---

[1] Denkschrift a. a. O. S. 36.
[2] Das Mass für jeden Raucher beträgt in Oesterreich 857 g monatlich, in Frankreich 10 g täglich.

Tabaksorten des österreichischen und französischen Tarifs:

Tabakart	In Oesterreich			In Frankreich
	Allgemeiner Verkauf	Limito-Verkauf	Spezialitäten	
Schnupftabak	26	3	10	5
Geschnittener Tabak .	22	3	12	17
Gesponnener Tabak .	6	—	1	3
Regiezigarren	14	—	{203	17
Habannazigarren u. dgl.	5	—		16
Zigaretten	11	—	16	271
Einzelsummen . . .	84	6	242	
Gesamtzahl der Sorten		332		329

Bei dem Verhältnis der Tabakpreise zum Verbrauch ist das merkwürdigste, wie Lorenz v. Stein mit Recht bemerkt, dass der Verbrauch bisher fast im gleichen Schritt mit dem Steuerfuss gestiegen ist und dass doch nirgends die letzte Grenze erreicht scheint. Dies zeigt aufs deutlichste die französische Regie, wie folgende Tabelle veranschaulicht.

Preise und Verbrauch der gewöhnlichen Rauch- und Schnupftabake in Frankreich:

Jahr	Preis für 1 kg	Preis-erböhung in %	Ver-anschlagte Ertrags-steigerung	Thatsächliche Ertragssteigerung		Verbrauch in 100 Kilogramm
				absolut in Millionen	in %	
9. Mai 1811	7,20 Fr.	—	—	—	—	—
9. Okt. 1816	8,00 Fr.	10 %	—	38,35 ⎱	2 %	103,000
1817	—	—	—	39,18 ⎰	9,7 %	116,000
1820	—	—	—	42,21		126,000
1821—25	—	—	—	43,25		124,000
1835	—	—	—	51,70		127,000
1855	—	—	—	113,81	—	255,000
19. Okt. 1860	10,00 Fr.	25 %	30 Mill. Fr.	143,74 ⎱	14 %	296,000
1861	—	—	—	163,84 ⎰	23 %	282,000
1864	—	—	—	177,73		299,000
1869	—	—	—	—	—	320,000
29. Febr. 1872	12,50 Fr.[1]	25 %	40 Mill. Fr.	—	—	—
1875	—	—	—	250,00	—	304,000[2]
1893	—	—	—	373,00	—	359,000

Bei den feineren Rauch- und Schnupftabaksorten stieg der Preis von 12 auf 16 Fr. das Kilogramm.

[2] Ohne Elsass-Lothringen, daher = 320,000 kg (Krükl). Die Statistik bis 1864 ist nach Creizenach, von 1869—75 nach Krükl, wie auch die Preisveränderungen. Diese

Das ständige Steigen des Verbrauchs trotz der grossen Preiserhöhungen und der langsamen Bevölkerungszunahme, verbunden mit wachsenden Erträgen, die auch in der Höhe ihrer Zunahme den Preissteigerungen rasch folgen, ist der Grundzug dieses Stücks Finanzgeschichte.

Die österreichischen Regieeinkünfte haben sich nicht so überraschend glanzvoll entwickelt wie die französischen, denn die wirtschaftliche Entwicklung Oesterreichs, die Grundlage aller finanziellen Erfolge, vollzog sich nicht so schnell wie die Frankreichs.

Seit 1851 fanden drei bescheidene Preiserhöhungen, 1858, 1875 und 1888, statt; daneben aber mehrmals vereinzelte Veränderungen; auch wurden neue Arten von Fabrikaten eingeführt, alte abgeschafft u. s. w.

Die Einzelheiten und Erfolge der Erhöhungen sind folgende: Die erste Erhöhung, 1858, bei Gelegenheit der Einführung des neuen Münzfusses, bestand aus einer allgemeinen Preissteigerung von 5 % (20 fl. ö. W. = 21 fl. c. m.). Die Preise der Zigarren, deren Sorten im Jahre 1814 mit einer zu 1 kr. c. m. das Stück anfingen, erst in den 40er Jahren mehr in den Verkehr kamen und dann den französischen Verbrauch überholten, wurden allein wesentlich geändert. Eine Sorte zu 1 kr. wurde auf 1½, eine andere auf 2 kr. ö. W. umgestellt. Die übrigen gangbarsten Sorten erfuhren eine Preiserhöhung von 14—30 %. Seitdem fanden nur teilweise einige Aenderungen statt (vgl. Krükl S. 20). Der schwache Rückgang, besonders im Zigarrenverbrauch, der hier die Hauptmasse des Tabakverkaufes bildet, schien für einige Zeit eine Grenze in der Preishöhe anzudeuten, wie nachstehende Ziffern zeigen:

Jahre	Verbrauch	Erlös (Brutto)
1858	542 Mill. Zigarren	18,98 Mill. fl.
1859	439,9 „ „	18,81 „ „
1869	762,4 „ „	—
1872	1 015,8 „ „	—

Der zweiten kleinen Preissteigerung bei Einführung des metrischen Gewichts 1875 folgte eine geringe Abnahme des Verbrauchs, obwohl die Erträge beständig zunahmen[1]). Das gilt von der Steigerung 1888[2]), wo indessen die Qualität mancher Tabake verbessert wurde. Von diesen Preisveränderungen bildet der Schnupftabak eine Ausnahme, denn trotz der Herabsetzung seines Preises ist sein Verbrauch von Jahr zu Jahr geringer geworden (Stat. Monatsschrift 1893).

Als treffendstes Beispiel der individuellen Preisänderungen kann man die Virginiazigarren anführen, die zugleich die vorher ausgesprochene Ansicht über

---

finden sich auch im „Compte en matières etc de l'exploit du Mon. des Tabacs". Paris 1894. S. 238.

[1]) Nettoeinnahmen in Millionen Gulden:

	Jahre	Oesterreich	Ungarn
	1875	35,34	15,18
	1876	36,85	13,93
	1877	36,82	16,67
[2])	1888	51,74	24,54
	1889	56,70	21,17

eine Qualitätsbesteuerung und die durch Zweckmässigkeitsgründe bestimmte Natur der Regiepreise stützen können.

Preis und Konsum der Virginiazigarren:

	Jahr	Preis	Konsum
	1857	1½ kr. c. m.	36,8 Millionen Stück
	1858	3½ kr. ö. W.	— » »
April	1861	4 kr.	} 72,4 » »
Dezember	1861	4½ kr.	
	1862	—	52,3 » »
	1866	—	78,9 » »
Februar	1876	5 kr.	153,0 » »

Ueber Tabakverschleiss und -Verbrauch geben wir noch zwei Tabellen:

1. Der Gesamttabakverschleiss (Fabrikate):

Jahre	Es kommen auf den Kopf der Bevölkerung kg	Verkaufspreis des Kilogramm fl.	Erlös auf den Kopf der Bevölkerung fl.
1871—75	1,50	1,87	2,64
1876—80	1,44	1,87	2,70
1881—85	1,42	2,16	3,06
1886—90	1,32	2,48	3,28
1893	1,29	2,70	3,47
1894	1,29	2,76	3,56

2. Der Gesamtverbrauch umfasste:

Jahr	Zigarren		Zigaretten		Schnupftabak		Rauchtabak	
	Mill. Stück	Erlös in Mill. fl.	Mill. Stück	Erlös in Mill. fl.	Gewicht M.-Z.	Erlös in Mill. fl.	Gewicht M.-Z.	Erlös in Mill. fl.
1869	762,4	19,95	17,9	0,26	—	—	209,864	19,53
1883	1184,2	35,29	207,1	1,75	21,400	3,85	236,536	28,11
1888	1177,9	38,73	707,5	6,33	—	—	—	—
1893	1157,1	41,46	1490,6	12,23	16,036	2,75	225,065	28,01
1894	1188,2	42,42	1705,4	13,91	15,580	2,65	226,821	28,42

Auf den ersten Blick mag es scheinen, als stimme die in Oesterreich nachgewiesene Beziehung zwischen Preis und Verbrauch nicht mit der früheren Behauptung, dass der Verbrauch trotz höherer Preise zunehme, eine Behauptung, die den wirtschaftlichen Wohlstand, d. h. die Steuerfähigkeit der Massen notwendig voraussetzt. Dazu ist dreierlei zu sagen:
1. Der Verbrauch kann in zweierlei Weise wachsen, in Hinsicht auf die Qualität und in Hinsicht auf die Quantität.

Es ist eine bekannte Thatsache, dass sich der österreichische Verbrauch mehr in der Richtung besserer Qualität als grösserer Quantität ausgedehnt hat und noch ausdehnt. Das zeigt sich besonders in der Verdrängung der Pfeife durch Zigarre und Zigarette, und wieder in den Aenderungen von 1888, wo man es rätlich fand, die Qualität einiger Fabrikate zu bessern.

2. Die gewaltige Steigerung des Zigarettenverbrauchs (sie wurden 1843 zeitweise, 1865 dauernd zum Verkauf gebracht und bilden seit 1882 ein Hauptstück des österreichischen Verbrauchs) erklärt zum Teil den geringen Verbrauch auf den Kopf der Bevölkerung; denn Zigaretten mit ihrem leichten Gewicht ersetzen nicht das Gewicht des von ihnen verdrängten Verbrauchs, obgleich sie eine weitere ständige Zunahme der Erträge ermöglichen.

3. Die höheren Erträge haben daher keineswegs einen verminderten Verbrauch zur Folge gehabt.

Die Geschichte der österreichischen Regie in den letzten Jahrzehnten und noch deutlicher die der französischen Regie ist ein Beleg für unsere Verallgemeinerung und beweist, dass mässige Preissteigerungen, die dem steigenden Wohlstand der Massen entsprechen, keine bedeutende Abnahme des Verbrauchs mit sich bringen, während sie ständig die Erträge erhöhen und zwar, wie wir gesehen, verhältnismässig schneller als die Bevölkerung zunimmt [1]). In Oesterreich stieg die Bevölkerung von 1872—92 um 18 %, die Reinerträge um 57 %.

Ueber die Preise in den verschiedenen Regieländern ist nicht viel zu sagen. Der Preis hängt von den wirtschaftlichen Verhältnissen des Volkes und den finanziellen Bedürfnissen des Staates ab. Der Preis selbst gibt zu keinen grundsätzlichen Fragen Anlass, da er durch beliebige Ursachen geändert werden kann.

Krückl vergleicht die französischen und österreichischen Preise und folgert, dass jene im ganzen genommen dreimal so hoch sind als diese. (Gewinn 435 % und 141 %.)

Zur Uebersicht geben wir eine Preisstatistik nach den Tabellen der Direzione Generale 1893 (Rome 1895).

Durchschnittspreis für Trafikanten (en gros) 1892
(auf 1 kg berechnet in Gulden):

Länder	Schnupftabak	Rauchtabak	Zigarren	Zigaretten
Oesterreich . .	1,71	1,24	35,73	8,14
Ungarn . . .	2,03	1,25	33,93	9,33
Frankreich . .	5,44	4,15	33,77	11,35
Italien . . .	3,07	3,82	42,61	13,07
Spanien . . .	2,67	3,58	24,78	4,06

[1]) Mit diesem ständigen Verbrauch trotz schwererer Besteuerung ist die Besteuerung des Biers zu vergleichen. Eine Erhöhung der Biersteuer bedeutet reichlicheren Genuss von billigem Schnaps (Oesterreich) oder Uebergang zum Kaffeegenuss (Sachsen). Umgekehrt bedeutet, wie das schweizerische Alkoholmonopol gezeigt hat, eine höhere Schnapssteuer einen verminderten Verbrauch zu Gunsten des Biers u. s. w.

Um die Regiepreise genau mit den Konkurrenzpreisen zu vergleichen, muss man die Qualität und das Einheitsgewicht (Zigarre, Zigarette) der zu vergleichenden Sorten beachten. Aus klaren Gründen ist das hier unmöglich.

Die folgende Statistik wird aber das Verhältnis zwischen Regie- und Konkurrenzpreisen einigermassen erklären:

Oesterreich (60 kr. = 1 M.):

50% der verkauften Zigarren waren solche zu 5—6 Pf. das Stück,
15 „ „ „ Zigaretten . . . 1½ „ . . .
50 „ „ „ Regiezigarren . . . 4¼ „
70 „ „ „ Menge Rauchtabak war solcher zu 57 Pf. das Pfund.
Die zwei billigsten Zigarrensorten sind die zu 2½ und 3½ Pf. das Stück.

In Deutschland, nach der Enquête von 1878, waren die Preise der gangbarsten Sorten für Zigarren 3—6 Pf. und für Tabak 40—70 Pf. Gegenwärtig sollen 90% der verkauften deutschen Zigarren solche bis zu 6 Pf. sein. (Verhandlungen des Tabakvereins Mannheim, 1893, S. 28.) Nach Anlage 2 des Entwurfs 1893 und den Tabellen ist der durchschnittlicher Fakturapreis der verschiedenen Tabaksorten in Deutschland und in Oesterreich wie folgt:

Tabakart	Deutsches Reich				Oesterreich	
	Einkaufspreis in Pf.	Zuschlag für Handel und Verkauf	Wir nehmen an	Verkaufspreis	Fakturapreis	Zuschlag 10% = Verkaufspreis (Pf.)
Zigarren . .	3,9 das Stück	28—60%	33%	5,2	5,8	6,5
Zigaretten .	1,2 „ „	25—75 „	33 „	1,6	1,3	1,5
Schnupftabak	1,3 „ kg	25—40 „	33 „	2,0	2,5	2,7
Rauchtabak .	1,5 „ „	25—37,5%	33 „	2,0	2,2	2,4

Diese letzte Statistik für das Deutsche Reich ist, obgleich sie von Sachverständigen stammt und wir nur einen mässigen Zuschlag berechnet haben, zu allgemein, um einen bündigen Schluss zuzulassen. Sie bezieht sich ferner auch nur auf Fabrikate, die in Deutschland bezw. in Oesterreich erzeugt sind. Trotzdem scheint, wenn wir auch die Tabakqualitäten nicht berücksichtigt haben, aus ihr und der vorhergehenden Statistik zu folgen, dass die Preise, die zur Zeit von der grossen Menge der Verbraucher in Oesterreich bezahlt werden, durchschnittlich nicht soviel über den in Deutschland bezahlten stehen, als man gewöhnlich annimmt, und die grossen Regieerträge, verglichen mit denen des deutschen Steuersystems, zunächst erwarten lassen. Eine Regie mit mässigen Preisen kann daher, durch ihre grosse Ersparnis an Arbeit und an Kapitalauslagen beträchtlich grössere Einkünfte erzielen als es einer ähnlichen Steuer möglich ist; und dies kann geschehen, ohne in bedrohlichem Masse (wie es die Denkschriften der deutschen Tabakvereine annehmen) den gegenwärtigen

Tabakverbrauch zu gefährden; auch ein zwingender Beweis für die Kostspieligkeit des Tabakhandels bei freier Konkurrenz.

In dieser Beziehung wird eine Statistik des thatsächlichen Konsums in Oesterreich und in Deutschland von Interesse sein, wenn man auch im voraus zugeben mag, dass bei Vergleichen zwischen verschiedenen Ländern die Zahlen allein keine definitiven Schlüsse zulassen, denn auch die Art des Verbrauchs ist zu beachten. Dieser Punkt ist fast stets übersehen worden. Die 1,29 kg Oesterreichs bedeuten einen grösseren Verbrauch – als etwa ein Durchschnitt von 1,29 kg für Holland, und im Vergleich mit einem ähnlichen Durchschnitt für Deutschland vielleicht einen kleineren. Nichtsdestoweniger gewährt Oesterreich im Vergleich mit dem Deutschen Reich ein entschieden günstiges Bild. Bei dem Durchschnitt der 5 Jahre 1881–85 zeigt es sich sogar Deutschland überlegen. Das stützt noch weiter unsere Aussagen über die Verhältnisse unter der Regie, denn hier handelt es sich um ein Volk, dessen Wohlstand geringer ist als der deutsche, dessen Verbrauch aber fast ebenso gross ist. Die Preise müssen dann, wie wir geschlossen haben, keinen ungünstigen Vergleich ergeben.

Verbrauch auf den Kopf der Bevölkerung (in Kilogramm):

Jahrfünfte	Oesterreich	Deutschland
1871–75	1,69	1,84
1876–80	1,49	1,71
1881–85	1,48	1,39
1886–90	1,43	1,51
1891–94	1,32	1,44

Verbrauch der verschiedenen Regieländer und Deutschlands (1893)
(nach einer Tabelle der Direzione generale und der V. d. D. R. I. 1895):

Länder	Schnupftabak kg	Rauchtabak kg	Zigarren Stück	Zigaretten Stück	Ueberhaupt kg
Oesterreich .	0,066	0,927	47,80	61,60	1,29
Ungarn . .	0,037	0,946	29,60	36,20	1,14
Frankreich .	0,139	0,680	20,80	30,00	0,93
Italien . . .	0,094	0,211	39,47	11,16	0,56
Spanien (92) .	0,002	0,406	43,80	368,20	—
Deutschland .	—	—	—	—	1,46

Verbrauch der wichtigsten Länder (nach Mayr, Hdw. d. St.) in kg; bei jedem ist die Zeit angegeben. In Klammern die Steuer in Mark.

Oesterreich 1892   1,41 (3,65)
Spanien 1887 . .   . 1,18 —
Ungarn 1892 . . .   . 1,14 (2,52)

Frankreich 1886—91	0,99 (0,45)
Rumänien 1888—92	0,67 (3,34)
Italien 1890—91	0,60 (4,00)
Verein. Staaten 1887—91	2,55 (2,94)
Belgien 1888—92	2,11 (0,96)
Deutschland	1,55 (1,05)
Schweden 1886—91	0,95 (0,89)
Norwegen 1892	0,87 (1,70)
England 1892	0,78 (5,18)
Russland 1889—91	0,48 —

Diese Statistik zeigt wieder die gemässigte Haltung der österreichischen Regie in ihrem hohen Verbrauch und ihrer mittleren Steuer.

3. Exportverschleiss.

Die Regie findet, dass ihre Bemühungen, die Ausfuhr zu steigern, sich nicht lohnen, daher beschränkt sie ihre Thätigkeit darauf, Verlagsstellen in der Schweiz und Bayern, ihren beiden grössesten Ausfuhrmärkten zu unterhalten und ausserdem solche rein repräsentativer Natur in einigen der grössten deutschen Städte. Es bedarf daher keiner besonderen Abteilung für den Ausfuhrhandel.

Zu einer derartigen Betrachtung des Ausfuhrhandels wird die Regieverwaltung durch folgende Gründe veranlasst:

1. Ein eigens organisierter Ausfuhrverkauf würde neue Sorten erfordern, teils wegen der Reinheit der österreichischen Fabrikate (keine beigemischte Abfälle u. s. w.), teils wegen ihrer Verarbeitung. (Denn in die österreichischen Tabake kommt keine Beize, was besonders in England und in Amerika nicht der Fall ist.)

2. Die Regie müsste mit der schlecht bezahlten deutschen Hausindustrie in Wettbewerb treten, ebenso mit den Schleuderpreisen der Tabakauktionen.

3. Sie müsste die besonderen Frachtkosten für Rohmaterial und für ausgeführte Fabrikate tragen.

4. Sie müsste die hohen Tabakzölle von Ländern tragen, deren Produktion schon den einheimischen Bedürfnissen entspricht.

In dem Lichte dieser Erwägungen wird die thatsächliche Ausfuhr von Interesse sein:

Oesterreich führte 1893 Tabakblätter und Extraktivstoffe aus im Werte von 370,000 fl. und Tabakfabrikate im Werte von 358,000 fl. (0,029% des gesamten Verschleisses).

Von den Abnehmern ist Deutschland der wichtigste: Bayern allein nimmt über 60% der Verkäufe. Die Kriegsmarine und der österreichisch-ungarische Lloyd, die Schweiz, Amerika und England sind die anderen wichtigen Käufer.

Im Vergleich mit Italien und Frankreich ist dies Ergebnis nicht ungünstig.

Frankreich mit seinen afrikanischen Besitzungen kann beträchtlich mehr

Fabrikate (1893) absetzen, nämlich (2 Fr. = 1 fl.) 726,000 fl. Wert und daneben 29,000 fl. für Tabakblätter oder beides zusammen etwas mehr als die österreichische Ausfuhr (0,035 % des gesamten Verschleisses). Italiens Ausfuhr betrug 0,037 % seiner Verkäufe (660.000 Lire). Diejenige Ungarns besteht zum grössten Teil aus Rohmaterial und machte 1892 zusammen den achtfachen Wert der österreichischen Ausfuhr aus. Die österreichische Ausfuhr hat entschieden einen wesentlichen Vorzug in Menge der Fabrikate, deren Ungarn (1892) nur für 37,000 fl., 1886—90 nur für 19,000 fl. und 1881—85 noch weniger, für 201 fl. absetzte.

Vor Deutschland hatte Oesterreich 1893 einen entschiedenen Vorsprung darin, dass jenes 554 Meterztr. Tabakfabrikate mehr einführte als es ausführte, dieses 611 Meterztr. mehr ausführte. Dies ist ja ein aussergewöhnliches Jahr für Deutschland, aber der Vergleich fällt auch in den früheren Jahren relativ nicht ungünstig für Oesterreich aus:

Deutschland		Oesterreich	
Jahre	Tabakfabrikat-ausfuhr Meterzentner	Jahre	Tabakfabrikat-ausfuhr Meterzentner
1884—93	1529	1881—85	1572
		1886—90	1141
1891	1751	1891	885
1893	964	1893	935

Zu dieser Statistik ist zu bemerken, dass Einfuhr und Ausfuhr im Deutschen Reich viel grösser ist als in Oesterreich. Daher sprechen die Unterschiede der zweiten und vierten Spalte mehr zu Oesterreichs Gunsten als es auf den ersten Blick scheint, wie von folgender Tabelle zu entnehmen sein wird.

Deutschland		Oesterreich		
Jahre	Einfuhr : Ausfuhr + Mehreinfuhr − Mehrausfuhr	Ausfuhr M.-Z.	fl.	Einfuhr : Ausfuhr + Mehreinfuhr − Mehrausfuhr
1871—75	− 20,070	631,1	245,000	+ 1226
1876—80	− 9,736	429,1	165,000	− 15
1881—85	− 6,930	1572,7	247,000	− 1351
1886—90	− 4,868	1141	360,000	− 855
1891—93	− 3,212	—	—	—
1891	− 7,110	885,3	—	—
1893	+ 554	935	358,000	− 611

Während der letzten 30 Jahre, einer Zeit heftigsten Wettbewerbs, hat daher die österreichische Regieausfuhr thatsächlich eine Aufwärtsbewegung gezeigt und dies unter den erwähnten ungünstigen Verhältnissen. Die deutsche Ausfuhr dagegen zeigt sogar eine relative Abnahme.

In der That hat sich dann bis zu einem gewissen Grade die allgemeine a priori begründete Ansicht über das Tabakmonopol, dass nämlich eine Staatsregie auf Kosten des Ausfuhrhandels erkauft werde, wieder einmal als ein Irrtum erwiesen.

Dieser Schluss[1]) ist noch mehr dadurch interessant, dass er auf praktischem Wege die wirtschaftlichen Vorteile des Monopols aufdeckt: mehr heimische Produktion[2]) und bessere Qualität der Fabrikate, ein nicht unwichtiger Vorzug, wenn man die finanziellen Aussichten beachtet.

Schlussbemerkung. Wie schon gesagt wurde, sind die Schwierigkeiten der österreichischen Regie beim Ausfuhrhandel nicht gering, obwohl manche gleiche Schwierigkeiten die reichsdeutschen Fabrikanten treffen. Eine grossartige staatliche Regie weiter ist ja in einer sehr günstigen Lage, um vorteilhaft besondere billige Sorten für die Ausfuhr zu produzieren, weil sie alle Abfälle möglichst vorteilhaft verwenden kann und die allgemeinen Verhältnisse ihrer Fabrikation — besonders die Garantie der Regie für die Qualität u. s. w. — ihr förderlich sind[3]).

Es ist wahr, wie Prof. Marshall irgendwo in seinen Principles sagt, dass die billigsten Güter nur mit einem ansehnlichen Anstrich am schnellsten Käufer finden. Doch in der Hauptsache mag das wahrscheinlich nur eine vorübergehende Erscheinung sein, die sich daraus grösstenteils erklärt, dass jetzt Volksklassen, die nicht an wirtschaftliche Verwendung gewöhnt sind, Geld besitzen, und bildet selbst keinen stichhaltigen Grund, dass die Regie nicht einen lebhaften Ausfuhrhandel mit zuverlässigen Gütern beginnen sollte. Zur Zeit bedürfen die Ausfuhrvorschriften einer entschiedenen Verbesserung, denn für den Handel mit Tabak ist es vielleicht trotz der Filialen der Regie eine zu harte Bestimmung, dass „Exportbestellungen mindestens auf 500 M. lauten und mit dem entfallenden Betrage bedeckt sein müssen".

---

1) Die Statistik über das Deutsche Reich stammt aus den Vierteljahrsheften zur Stat. d. D. R., 1895, I, und ist offiziell. Doch ist sie, wie zu erwarten, nicht überall genau, obwohl die Zahlen wahrscheinlich nicht so ungenau sein werden, um unseren Schluss anfechtbar zu machen.

2) Wir können auch an die bekannte französische Habannazigarrenfabrikation erinnern.

3) Die Ausfuhrpreise sind wegen der hohen Zölle anderer Länder, wegen der Spesen u. s. w., viel niedriger als die im Inlande geltenden, bei Zigarren um 10—45%, bei Zigaretten um 20—50%, bei Rauchtabak um bis zu 50%, ebenso beim Schnupftabak.

5. Teil.
Finanzielle Erwägungen.
1. Die finanziellen Ergebnisse des Monopols.

Mit den finanziellen Ergebnissen kommen jetzt wir zu dem wichtigsten Punkt aller Tabakmonopole, denn nach ihrer besonderen Natur zeigen sie die Glanzseiten der indirekten Steuern, indem sie dem Staate einen reichen, steigenden und dehnbaren Ertrag liefern[1]). Die letzte Eigentümlichkeit ist von nicht geringer Wichtigkeit, besonders im Lichte der Bemerkung Wagners, dass die universelle Steigerung der staatlichen Ausgaben ein Entwicklungsgesetz des modernen Kulturlebens ist. (Tüb. Zeitschrift, 1879, S. 709, Finanzwiss. I. 3. Aufl. S. 76.)

Auf die wichtige Stellung, die das Tabakregal im österreichischen Budget einnimmt, wurde schon hingewiesen, ebenso auf seine gemässigte Art gegenüber den anderen grossen Tabakmonopolen. Die folgenden Tabellen werden die Brutto- und Nettoeinnahmen der Tabakbesteuerung der bedeutenderen Länder veranschaulichen, sowie die Einzelheiten der Geldgebarung des österreichischen Monopols für das Jahr 1894:

Statistik der Tabakeinnahmen für 1893:

	Länder	Einnahmen auf den Kopf M.	Reinertrag auf den Kopf M.
Monopol-länder	Frankreich . . .	7,95	6,47
	Spanien (1892) . .	—	4,37
	Italien . . .	5,14	4,05
	Oesterreich . . .	6,19	3,93
	Rumänien (1892) . .	—	3,34
	Ungarn	4,83	2,95
	Serbien (1892)	.—	2,06
Nicht Monopol-länder	Grossbritannien (1892) . . .	5,55	5,18
	Vereinigte Staaten (1892) . .	2,00	—
	Deutschland	1,10	1,01
	Belgien	0,96	—
	Schweden	0,89	—

[1]) Das zwingendste Beispiel ist das italienische Monopol, das aus dem Jahre 1868 stammt. Seine Reinerträge an den Staat betrugen 1869 58,5 Mill. Lire, 1878—83 101,6 Mill., 1884—86 128,5 Mill., 1886—91 146,7 Mill., 1891 150,69 Mill.; solche Erträge bei den wirtschaftlichen Zuständen Italiens! Ebenso ist es in Frankreich: 1815 52,1 Mill. Fr., 1835 51,7 Mill., 1894 177,7 Mill., 1893 306,5 Mill. Serbien: 1892 2,2 Mill. Fr., 1892 5,5 Mill. Rumänien: 1881 21,4 Mill. Fr., 1892 25,5 Mill. Türkei: 1887 Fehlbetrag 108,365 Lire , 1892 331,812 Lire Ueberschuss u. s. w.

Studien über das österreichische Tabakmonopol.

Geldgebarung und Ertrag des Monopols 1894:

Empfang	fl.	Ausgaben	fl.
Verschleiss im Inlande	87,349,466	Bezüge der Beamten und Funktionäre	579,455
Fabrikatenabgabe an Ungarn	337,570	Bezüge der Diener	158,959
und okkupierte Länder	74,408	Belohnungen in Aushilfe	10,582
Export	604,525	Mietzinse	13,094
Lizenzgebühren	201,432	Reise- und Uebersiedelungskosten	60,612
Mieten und Pachtzinse	1,669	Gebäudeerhaltung	134,022
Gewinnrücklasse u. Pachtschillinge	1,469,259	Kanzleikosten	42,221
Verschiedene Einnahmen	40,325	Stiftungen und Aequivalente	6,986
Rückersetzte Ausgaben	2,072	Tabakmaterialkauf:	
		Ausland	14,231,152
		Inland	4,970,884
		Contrebande	1,078
		Fabrikationskosten und Arbeitslöhne	7,748,338
		Verpflegungskosten der Kranken	80,301
		Frachtkosten	985,145
		Neubauten	483,831
		Verschiedene Ausgaben	15,539
		Gefällsrückgaben	18,880
		Einhebungsprozente	749,523
		Rückersetzte Einnahmen	862
		Kassabewachungsausgaben	655
		Errichtung neuer Verschleissmagazine	5,440
		Ueberschuss	59,815,621
	90,113,181		90,113,181

Geldgebarungsüberschuss 59,815,621
Verminderung der Aktiva . . . . 3,072,140 }
4% Zinsen für Immobilien, Maschinen und Mobiliar . . 347,451 }
Duchmässiger Ertrag 56,396,020

Stand des Vermögens Ende 1894:		Ebenso in Frankreich 1893:
Aktivvermögen:	fl.	(fl. = 2 Fr.)
Immobilien mit Rücksicht auf die Amortisation	6,799,448	19,632,752
Tabakmaterialien: Rohstoffe	36,959,265	
Halbfabrikate	3,984,670	
Ganzfabrikate	15,028,203	?
Oekonomiegegenstände	1,035,925	
Maschinen mit Rücksicht auf die Amortisation	823,645	3,336,852
Mobiliar	1,063,187	968,226
Forderungen:	fl.	
beim Verschleisse	1,931,277	
bei der Regie	7,512	
zusammen	1,964,730	
Summe der Aktiva	67,659,079	
Passivvermögen:		
Schuldigkeit des Gefälls beim Verschleiss	5,448	
Schuldigkeit des Gefälls bei der Regie	3,222	?
Summe der Passiva	8,670	
Reines Vermögen	67,650,808	61,096,120

2. Monopol und Tabaksteuern.

Verglichen mit den anderen Formen der Tabakbesteuerung: Einfache Verzollung mit Verbot des Anbaus, Verzollung mit Rohtabak- oder Flächensteuer, Fabrikatsteuer, gibt das Regiesystem zu manchen Erwägungen Anlass; der Kern aller aber liegt in der finanziellen Leistung.

Das erste System durch Lorenz v. Stein als Monopolzollsystem bezeichnet, ist zugestandenermassen in den meisten Ländern praktisch undurchführbar. Sicher würde der Schmuggel es bald zu Falle bringen, wenn man nicht sehr sorgsame und deshalb zu kostspielige Vorkehrungen treffen wollte. Nur dem Beispiel Englands verdankt dieses System noch wissenschaftliche Erörterung; und nur seine ganz insulare Lage gestattet England, an ihm festzuhalten. Das System selbst erlaubt nicht nur keine Unterscheidung der Tabakqualität, sondern treibt auch den Preis geringerer Qualitäten unverhältnismässig in die Höhe.

Das zweite System (Deutschland) — eine Verbindung des Zolles mit einer Rohtabaksteuer eignet sich offenbar schlecht für ein System hoher Besteuerung. Zoll und Steuer müssen im richtigen Verhältnis erhalten werden — eine sehr schwierige Aufgabe; die Steuer, unfähig die Qualitätsunterschiede genügend zu berücksichtigen, lastet, wenn sie hoch ist, ungleich mehr auf dem kleinen Pflanzer, der überdies gerade wie der Kleinhändler oft nicht im stande ist, die verlangte Steuer zu zahlen. v. Stein hält das System für ein Ueberbleibsel der alten überkommenen geringen Tabaksteuer.

Dies alles zeigt sich klar darin, dass jeder Versuch, die Erträge aus dem Tabak im Deutschen Reich zu steigern, die Einführung einer neuen Besteuerungsart bedeutet [1]).

Das dritte System einer Fabrikatsteuer mit Zoll ist demnach in Wirklichkeit der einzige Rivale des Monopols. Es kann drei Formen annehmen: 1. wie im letzten Tabaksteuerentwurf in Deutschland 1893/94 Fabrikatsteuer (ohne Banderolen), 2. wie in Russland eine verteilte Fabrikatsteuer, bei der jede Fabrik einen Mindestbetrag von Banderolen übernehmen muss (eine Art Lizenz) je nach dem Umfang des Geschäfts, 3. wie in den Vereinigten Staaten, wo jeder Fabrikant verpflichtet ist, dafür zu sorgen, dass jedes Kistchen seiner gelieferten Waren mit einer Banderole, die der Tabakgattung entspricht, versehen ist, der Händler auch eine Lizenzgebühr zahlen muss, der Pflanzer aber frei bleibt.

Das russische System wird im Auslande nicht leicht Anklang finden, weil es die kleinen, kapitallosen Betriebe, die z. B. Deutschland hat, in ihrem Bestande bedroht.

Die beiden anderen Formen, die sich grundsätzlich nicht unterscheiden, können zusammen erörtert werden. Ihre Unterschiede liegen mehr auf dem Gebiete der Verwaltung, in der Ausdehnung der Aufsicht über Tabakbau und Verkauf[2]). Doch hat das Banderolesystem zweifellos einen neuen Abschnitt administrativer Aufsicht eingeleitet; in Deutschland hat man im Entwurfe 1893 sehr wahrscheinlich auf diese Sicherheitsmassregel nur aus Rücksicht auf alte Gewohnheiten verzichtet.

Das System hat manche Vorzüge: es gestattet eine ziemlich hohe Besteuerung, während es die Privatindustrie mit ihren verschiedenen Vorteilen bestehen lässt. Die Nachteile dagegen verdienen wohl eine ernstere Erwägung: es gestattet keine genaue Aufsicht und nützt die Steuerkraft des Tabaks nicht voll aus — das letztere ist nach v. Stein grundsätzlich und praktisch verkehrt und widerspricht offenbar jedem richtigen Steuerprinzip; denn ein Verbrauch muss stets im Verhältnis zu seiner Steuerkraft belastet sein, sonst wird der Rest der Steuersumme auf einen anderen Verbrauch gelegt, der schon nach seiner Steuerkraft besteuert ist. Das heisst geradezu, die Steuerlast durch irrationelle Verteilung vermehren. Das System erlaubt ferner eine grosse wirtschaftliche Vergeudung von Arbeit und Kapital und legt die Kosten dafür auf die Verbraucher; es gibt keine Gewähr für die Qualität der Fabrikate, hat wenig unmittelbaren Einfluss auf den Tabakbau und in finanzieller Hinsicht ist es seiner Natur nach nicht dehnbar genug.

Zu Gunsten der Fabrikatsteuer muss man sagen, dass ihre finanzielle Brauchbarkeit noch nie wirklich erprobt worden ist. Russland, die Vereinigten Staaten und Kanada, die alle diese Steuer besitzen, könnten entschieden durch

---

[1]) Vgl. „Der Tabak als Object für Finanzregeln und der jetzige Stand der Tabaksteuerfrage in Deutschland", von Dr. Gustav Lewinstein, Berlin 1892, und die „Verhandlungen des Tabakvereins Mannheim und des Tabakvereins, Abt. V, über das Projekt einer Tabaksteuer", 1893.

[2]) Ein wesentlicher Unterschied der Fabrikatsteuer des deutschen Entwurfs war die weitgehende Berücksichtigung der Qualität; vgl. Finanzarchiv XI. (1894) S. 345 f.   D. H.

eine straffere Steuerverwaltung besseres erreichen[1]). Diese aber ist von der Theorie und der Praxis um ihrer gefährlichen Folgen willen (Unterschleif u. dergl.) verurteilt worden. (Vgl. Zur Tabaksteuerfrage. Denkschrift 1867, S. 56 ff.)

Von der praktischen Unfähigkeit der Tabaksteuer den verschiedenen Qualitäten der Tabake Rechnung zu tragen[2]), mag diese Tabelle aus der Geschichte der amerikanischen Tabaksteuer zeugen:

Zahl der Steuerklassen bei der Tabakfabrikatsteuer in Amerika:

Jahr	Zigarren und Cheroots	Zigaretten	Stengel	Rauchtabak	Gespinste	Cavendish Plage	Knutabak
1862	4	—	2	—	—	2	—
1863	4	—	2	—	—	1	—
1864	6	3	2	—	—	1	—
1865	1	3	1	—	1	1	—
1866	3	—	—	2	1	1	—
1867	1			—	—	—	...
1868	1	2	1		1		
1872	1	2			1		
1874—94	1	2			1		

Wir können damit zu einer Betrachtung der Qualitätsbesteuerung unter der Regie übergehen.

3. Monopol und Qualitätsbesteuerung.

Der Verkaufspreis unter der Regie enthält bekanntlich auch die Steuer. Durch ihren Einfluss auf die Finanzen einerseits und auf den Tabakverbrauch anderseits erhält dann die Preisfestsetzung ihre hohe Wichtigkeit. Der Steuerfuss selbst ist der Unterschied zwischen den Gestehungskosten und dem Verkaufspreise.

Lorenz v. Stein (II, 280) meint, dass dieser Unterschied dadurch ein qualitativer Steuerfuss sei, dass der Verkaufspreis sich um so mehr dem Gestehungspreise nähern müsse, je geringer die Qualität und je allgemeiner daher der Verbrauch sei. Doch hat er sich nicht nach praktischen Beispielen für seine Ansicht umgesehen. Die thatsächliche Regiebesteuerung entspricht ihr nicht. Wir beziehen uns hier auf Tabelle A der Drucksache 68 der Enquête von 1878, die

---

[1]) Ob die Fabrikatsteuer eine Hausindustrie duldet, ist zweifelhaft. Der Entwurf von 1893 überlässt die Entscheidung darin dem Bundesrat. Obgleich in beiden Kanada und den Vereinigten Staaten kleine „Fabriken" mit zwei bis drei Arbeitern zu treffen sind, so ist die eigentliche Tendenz der Fabrikatsteuer der unkontrollierbaren Hausarbeit feindlich. Dass die Erträge in Deutschland nicht so sind, wie sie sein könnten, zeigen die vielen Erhöhungen und Ermässigungen des Steuerfusses, so seit 1861; vgl. Reichstagsdrucksache 1894, Nr. 116, Anl. 19. Der Ertrag wurde 1860 durch eine Aenderung des Steuerfusses um 1,4 Mill. M. verringert, später stieg er, aber 1882 verursachte ein ermässigter Steuerfuss einen Ausfall im Ertrage für 1884 von 61,4 Mill. M.

[2]) Siehe Note 2 auf voriger Seite. D. H.

dort merkwürdigerweise gegeben wird, um das Gegenteil dessen zu beweisen, was sich aus ihr ergibt. Es werden die Gestehungskosten und die Verkaufspreise der französischen Fabrikate verglichen. Wir sehen da, wie überall, dass die gewöhnlichen Schnupf-, Rollen- und Rauchtabake mit einem viel höheren Prozentsatz der ursprünglichen Kosten bezahlt werden wie die feineren Sorten, während bei den Zigarren die höheren Preislagen, z. B. zu 30 Cts. (24 Pf.) die niedrigste Taxe tragen! Die für 25 Cts. (20 Pf.) zahlen weniger Steuer als die zu 7½ Cts. (6 Pf.), ja die zu 7½ Cts. (6 Pf.) zahlen am meisten.

Und wieder: Während die Regie den ordinären Schnupftabak mit 956°/₀ belastet, legt sie auf die billigsten Zigarren nur 202°/₀ [1]). Die nächst teureren Zigarren, nach denen eine stärkere Nachfrage da ist, werden mit dem höchsten Steuerfuss von 262°/₀ getroffen, der bei den teureren Sorten auf 237—240—188°/₀ sinkt, u. s. w.

Drucksache 68 Tabelle A in Prozente umgerechnet:

Der Magazinpreis in Prozenten der Gestehungskosten:

Schnupftabak: fremde und feinere Sorten . . . 578°/₀ }
             ordinäre Sorten . . . . 956 „ }
Rollentabak: fein gesponnene Sorten . . . . 524 „ }
            ordinäre Sorten . . . . 613 „ }
Rauchtabak: feine Sorten . . . . 691 „ }
           ordinäre Sorten . . . . . . 712 „ }
Zigarren zu 30 Cts. (24 Pf.) . . . . 188 „ }
  „ 25 „ (20 „) . . . . 240 „
  „ 20 „ (16 „) . . . . 237 „
  „ 15 „ (12 „) . . . . 193 „
  „ 10 „ (8 „) . . . . 222 „
  „ 7½„ (6 „) . . . . 262 „
  „ 5 „ (4 „) . . . . 202 „

Bei den österreichischen Preisen zeigt sich dasselbe selbst in dem kleinen Kreis der billigen Zigarren:

	Oesterreich	Frankreich
Gewinn bei Zigarren zu 1½ kr.	69 °/₀	— °/₀
2 „	107 „	144 „
3 „	150 „	164 „
4 „	90 „	122 „
5 „	125 „	— „
6 „	104 „	94 „

Beim Schnupftabak zu 1,80 fl. das Kilogramm waren 309°/₀,
   „   „   „ 2.64 fl. „   „ 247°/₀ Gewinn [2]).

Bevor wir die Wichtigkeit dieser Zahlen zu würdigen suchen, müssen wir uns über das Wesen des Tabakverbrauchs klar werden, worüber bündige Ergebnisse nicht fehlen.

---

[1]) Im Schnupftabak steckt viel weniger Arbeitslohn als in den Zigarren; das Missverhältnis der Steuer ist zum grossen Teil nur scheinbar; vgl den deutschen Entwurf über die Fabrikatsteuer, Finanzarchiv XI. (1894) S. 325, 316. D. H.

[2] Vgl. Krückl, S. 60 ff. und Wagner, Spez. Steuerlehre, S. 743 ff.

Die „Tabellen" zeigen deutlich, wie sich der Tabakverbrauch in Oesterreich ziemlich auf eine oder wenige Sorten, meist billiger Preislage, beschränkt. Beim allgemeinen Kleinverschleiss waren z. B.

50% der verkauften Zigaretten solche zu ½ kr. (billigste Sorte),
50 „ „ „ Regiezigarren „ „ 1½ kr. und darunter.
54 „ „ „ Habannazigarren solche zu 12 kr. (billigste Sorte),
73 „ des geschnittenen Rauchtabaks war eine Sorte zu 4 kr. für 35 g, der billigste im gewöhnlichen Verkauf,
51 „ „ „ Schnupftabaks war zu 70 kr. je 500 g (billigste Sorte).

Ebenso ist es, nach Krückl[1]), in Frankreich, wo die 2-Sous-Zigarren 7 · des ganzen Verkaufs ausmachen und von Rauch- und Schnupftabak fast nur die ordinären Sorten gangbar sind (91°|o).

Sollen nun die Regieerträge eine hohe Summe ausmachen, und das ist das Ziel des Monopols, so muss dieser riesige Verbrauch billiger Sorten, der Grundstock der Regieverkäufe, unweigerlich die Last der Besteuerung tragen; — daraus folgt die praktische Unmöglichkeit einer Besteuerung, wie sie Lorenz v. Stein wünscht, nämlich einer solchen, die annähernd mit der Güte der Fabrikate zunimmt.

Dies ist thatsächlich, was die angeführten Zahlen der Enquête zeigen. Die Regiebesteuerung scheint also durch Zweckmässigkeitsrücksichten bestimmt zu sein; und es wird wohl ein Irrtum sein, wenn man das Tabakmonopol als ein Mittel verherrlicht, durch das sich eine progressive Besteuerung herstellen lasse. Lorenz v. Stein selbst gibt als ungefähre Regel seiner idealen Besteuerung an, dass der Steuerfuss solange nicht zu hoch sei, als der Konsum nicht abnehme — eine gute Regel für finanzielle Erfolge, aber nicht für eine Qualitätsbesteuerung! Steht der Hauptpunkt, die Notwendigkeit hoher Erträge, fest, so muss die Monopolbesteuerung ziemlich willkürlich verfahren und verhältnismässig schwerer als andere Formen der Besteuerung mit ihrem Hauptgewicht auf der grossen Masse der verbrauchten Erzeugnisse, d. h. auf den billigen Sorten lasten.

Dies Ergebnis, das im Gegensatz zu der vorherrschenden Meinung steht, führt auf die Frage, ob denn das Monopol keinen Vorzug vor den anderen Formen der Besteuerung habe. Es ist nun gewiss, wie schon gezeigt, dass weder das Zollsteuersystem noch auch das mit einer Banderoleverkaufssteuer verbundene System eine Qualitätsbesteuerung ermöglichen kann. Denn der Privathandel bei freiem Wettbewerb arbeitet unter ungünstigeren Bedingungen als die Regie, und der Tabakverbrauch, der sich den billigeren Sorten zuwendet, muss hier mit den kostspieligeren Verhältnissen des Privathandels rechnen. Und wer einigermassen im Geschäftsverkehr zu Hause ist, weiss ja, dass diese Kosten die billigeren Güter schwerer treffen (verhältnismässig mehr Kosten für Lagerung u. s. w.; verhältnismässig weniger Gewinn an den teureren und deshalb schwerer verkäuflichen Waren). Sollte also eine Berücksichtigung der Tabakqualität überhaupt möglich sein, so müsste sie unter der Regie stattfinden, wo aber eben der Druck finanzieller Erwägungen jedes vollständig proportionale Steuersystem — von einem progressiven ganz zu geschweigen — verhindert.

---

[1]) A. a. O. S. 60 ff.

Sicherlich aber hat das Monopol den Vorzug, dass die ziemlich hohe Händlersteuer des kleinen Mannes nicht zum Unterhalt eines Standes dient, den das Monopol als überflüssig erwiesen hat, sondern zur Verminderung der allgemeinen Steuerlast. Für den Verbraucher der besseren Sorten aber ergibt sich die Lehre, dass die geringen Gewinne der Händler an den teueren Tabaken ein Antrieb zu allerlei Betrug in Qualität und Preis sind, gegen die ihm nur das Tabakmonopol wirksamen Schutz gewähren kann.

Schluss.

Wir haben die Entwicklung des österreichischen Tabakgefälls, des ältesten und grössten der bestehenden Tabakmonopole, darzustellen gesucht, von seinem eigentümlichen zufälligen Ursprung bis zu seiner endlichen vollen Würdigung als eines der Hauptstücke nicht nur der indirekten Steuern, sondern des ganzen finanziellen Systems, eine Entwicklung, die auch anschaulich die früheren Verhältnisse der Finanzverwaltung, vor allem den Mangel an Kasseneinheit, den Grundsatz der Sonderhaushaltung, Gegenrechnung und Dotation zeigt.

Zur Würdigung der verschiedenen Besteuerungssysteme geben die Erfahrungen des 18. Jahrhunderts, abgesehen von den ungünstigen technischen und administrativen Verhältnissen (Qualität, Unterschleif u. s. w.), den Beweis für die grössere Verwendbarkeit der Regie anderer finanzieller Systeme.

Bis ins 18. Jahrhundert hinein war der Tabakverbrauch noch gering; da auch die Verwaltung sich erst in dieser Periode zu einem geordneten Beamtentum entwickelte und deshalb, wie der reichliche Unterschleif und die wechselnden Erträge zeigen, noch oft ungenügend war, so lässt die finanzielle Bedeutung der Regie in dieser Zeit wenig von ihrer künftigen Grösse ahnen. Die straffere Verwaltung nach dem 7jährigen Kriege ergab eine nicht unbeträchtliche Steigerung der Erträge, obwohl das Regal als Steuersystem mit seinem durchschlagenden Erfolge erst auf dem 19. Jahrhundert, ja erst aus der zweiten Hälfte desselben stammt.

Die Regieorganisation zeichnet sich durch genaue Aufsicht (besonders durch passende Verteilung der Pflichten) und durch Vollständigkeit aus. Für die Beurteilung der Ergebnisse unter finanziellem, wirtschaftlichem und sozialem Gesichtspunkt ist zu sagen: Als Besteuerungssystem (nach Umfang und Höhe des Tarifs u. a.) zeichnet sich das Gefäll durch seine Mässigung aus. Beschränkt durch nationalökonomische Bedingungen — in gewissem, nicht so wichtigem Masse, auch durch die schwierige Zollbewachung, namentlich seit Entstehung der Bahnen an der russischen, rumänischen, serbischen und türkischen Grenze (Schäffle, St. Pol. 432), so dass es den Tabakverbrauch nicht so energisch ausnutzen konnte wie Frankreich —, kann man es seiner Geschichte nach im Vergleich zur französischen Regiegeschichte nicht glänzend nennen; der Ausdruck: höchst befriedigend, ist zutreffender [1]).

Die oft erörterte Einwirkung des Monopols auf den Tabakbau ergibt ein

---

[1]) Wagner (a. a. O. III, 751) scheint dazu zu neigen, diesen Ausdruck bei Frankreich mit seiner 500mäßigen Tabakbesteuerung und seinem dadurch eingeschränkten Tabakverbrauch nicht anzuwenden.

Ergebnis, das für die Regie keineswegs ungünstig ist. Ungarn und Oesterreich haben beide gezeigt, dass ein ausgedehnter und zeitweise zunehmender Tabakbau nicht nur möglich, sondern auch mit Vorteilen für Staat und Pflanzer möglich ist — ein Ergebnis aber, das allerdings nicht in absoluterweise verallgemeinert werden kann.

Bei der Fabrikation ist der Regiegrossbetrieb wohl in der Lage, befriedigende Arbeitsverhältnisse herzustellen. Die österreichische Regie muss freilich diese noch durch höhere Löhne und bessere Akkordsätze vervollständigen; aber von diesem Punkte abgesehen, stehen sich die Regiearbeiter ausserordentlich gut. Das muss man einigermassen schon daraus entnehmen, dass sie trotz der sehr geringen Löhne lange Jahre ihre Stellung festhalten.

In Bezug auf Betriebsform haben wir die Möglichkeit des Bestandes eines Verlagssystems unter einer Tabakregie, welche die Hausarbeiten vielleicht besser kontrollieren würde als Privatunternehmer, hervorgehoben. Allein wir möchten der Ansicht beipflichten, dass die Tabakhausindustrie in irgend einer Form möglichst zu verwerfen ist, und zwar als ein durchaus unnotwendiges Uebel.

Die Hauptstücke technischer Thätigkeit, die Fabrikationskosten und die Qualität lassen wenig zu wünschen übrig. In dieser Hinsicht ist an die Preisstatistik der billigeren Sorten zu erinnern, und an Leroy Beaulieu's treffende Bemerkung: Les produits sont purs, c'est là un très grand argument en faveur du monopole.

Auf der anderen Seite kann man wohl den Einwand machen, dass das Monopol die Auswahl in Hinsicht auf Qualität, Form (Zigarren und Zigaretten) und Preise sehr beschränkt. Hierin erblicken wir den bedeutendsten Grund für irgend eine Abneigung gegen das Monopol, wenn er auch aber in sich keine ausschlaggebende Bedeutung hat.

Gegen die Behauptung, dass eine Regie die Tabakindustrie zum Teil zerstöre, sprechen die Thatsachen, dass unter einer gemässigten Regie die heimische Fabrikation zunimmt, und dass wegen ihrer sonstigen hohen Gewinne und Ersparnisse der Verbraucher nicht notwendig schwer besteuert zu werden braucht. Es handelt sich hier um eine mehr scheinbare als wirkliche Möglichkeit.

Aus ähnlichen Gründen ist die allgemeine Meinung, dass eine Regie die Ausfuhr ohne entsprechenden Ersatz vermindere, unannehmbar. Wir haben dies zu Genüge durch den Vergleich von Einfuhr und Ausfuhr für Deutschland und Oesterreich nachgewiesen. Aus diesem Grunde kann der absolute Betrag der Ausfuhr nicht als richtiger Massstab des Regiehandels gelten; und es ist eine einseitige Bemerkung Roschers, dass sich eine wahrhaft exportfähige Industrie mit dem Monopol nicht vertragen könne. Dies ist nur insoweit richtig, als in Bezug auf den absoluten Betrag der Ausfuhr keine Regie sich sonderlich erfolgreich erwiesen hat. In dieser Richtung wäre eine lebhaftere Thätigkeit der österreichischen Regie zu wünschen.

Die Reinerträge des Monopols ergeben sich nicht nur aus der Steuer, sondern in beträchtlichem Masse aus übertragenen Geschäftsgewinnen, aus Ersparnissen bei dem Tabakhandel und aus dem reichlichen Gewinn durch verminderte Einfuhr und vermehrte heimische Fabrikation. Deshalb ist der Verbraucher nicht so belastet, wie man nach den grossen Einkünften zunächst annehmen möchte. Dagegen kann die Behauptung, dass die Regie eine Qualitätsbesteuerung ermögliche, in ihrem ganzen Umfange nicht aufrecht erhalten werden. Trotzdem kann man mit Recht von der österreichischen Regie, die in Wahrheit zum Hauptbestandteil des Finanzsystems geworden ist, sagen, sie verwirklicht durch ihre heutige Thätigkeit höchst erfolgreich das, was Lorenz v. Stein so energisch von einer Tabaksteuer fordert, nämlich, die gerechtfertigte Ausnützung der Tabaksteuerkraft in Hinsicht auf das allgemeine Steuersystem, was aber kein anderes System scheint leisten zu können, denn Leroy Beaulieu (a. a. O. I, § 702) sagt mit Recht bei Besprechung der Fabrikatsteuer: »On point de vue fiscal tous ces systèmes sont mauvais, trop compliqués et ne peuvent fournir d'importantes ressources.«

Schliesslich mögen die politischen Wirkungen eines ausgedehnten Staatsmonopols nicht unwichtig sein. Dies wird in Oesterreich wie im Deutschen Reich betont. Doch gerade hier gibt die Tabakindustrie, weil sie so sehr viel weibliche Hände beschäftigt, zu dem wenigsten Tadel Anlass.

Ohne durch eine allgemeine Erörterung über dieses „Stück volkswirtschaftlicher Organisation" uns auf das Gebiet sozialer oder politischer Philosophie zu verlieren, können wir die Tabakindustrie für besonders geeignet zum Staatsbetrieb erklären, weil ihre technischen Vorgänge einfach sind und sich im ganzen wenig ändern, und weil im allgemeinen ihre Verstaatlichung finanziellen, administrativen und wirtschaftlichen Gewinn bringt [1]). Diese Frage, die auch diejenige einer Beobachtung des herkömmlichen Steuersystems und der Gewohnheiten des Volkes mit einschliesst, wird im grossen und ganzen eine Frage der Politik sein. Im allgemeinen aber dürfen wir der Ansicht beipflichten, dass, wo die administrativen Zustände es gestatten, diese Industrie mit Vorsicht in die ständige Verfügung der Nation übergehen kann, und dass Staat, Verbraucher, Pflanzer und im allgemeinen auch die Arbeiter, wie das österreichische Gefäll beweist, davon im ganzen entschiedenen Vorteil haben werden.

In unseren schliesslichen Ergebnissen stimmen wir wesentlich mit den Hauptvertretern der Finanzwissenschaft in den drei grossen Staaten Europas, mit Stein, Leroy-Beaulieu und Wagner überein und befinden uns ebenso im Einklang mit der Praxis von 8 der 17 europäischen Länder, denn Frankreich, Spanien, Portugal, Italien, Oesterreich-Ungarn-Bosnien-Herzegowina, Serbien, Rumänien und die Türkei, d. h. 38 % der Bevölkerung Europas haben die Monopolform der Besteuerung angenommen. In einigen wichtigen Punkten weichen wir aber nicht nur von der landläufigen Meinung, sondern auch von den weit verbreiteten Ansichten bedeutender Finanzschriftsteller ab; dies ist der Fall bei der Qualitätsbesteuerung, bei der Belastung des Verbrauchers durch die Besteuerung unter der Regie und bei der Bedeutung des Ausfuhrhandels.

---

[1]) Wir haben es hier nicht als unsere Pflicht betrachtet, die Eigentümlichkeiten der Tabakbesteuerung selbständig zu behandeln — ihre Bequemlichkeit und ihre Dehnbarkeit; ihren sozialpolitischen Vorteil vor anderen Verbrauchssteuern, dass sie nur Erwachsene trifft bezw. im allgemeinen Verdiener u. s. w., und ihre Eigentümlichkeit durch die geringen Aufschläge auf die einzelnen Einheiten den ständigen Verbrauch nicht zu schädigen — wenn dies auch ihre Grenze hat. Vgl. weiter über Tabaksteuern — „Ueber Tabakverbrauch unter dem Monopol: Vorstellungen der Delegierten der Tabak- und Zigarrenfabriken der Stadt Mannheim", 1874. Karl Ewald, „Tabaksteuer oder Monopol", Berlin 1885.

www.ingramcontent.com/pod-product-compliance
Lightning Source LLC
Chambersburg PA
CBHW020301090426
42735CB00009B/1166